KB116966

다윈가

플라톤가

지식인마을16

벤담 & 싱어

매사에 공평하라

지식인마을 16 매사에 공평하라

벤담 & 싱어

저자_ 최훈

1판 1쇄 발행_ 2007. 2. 13.
2판 1쇄 발행_ 2013. 3. 11.
2판 6쇄 발행_ 2024. 4. 1.

발행처_ 김영사
발행인_ 박강휘

등록번호_ 제406-2003-036호
등록일자_ 1979. 5. 17.

경기도 파주시 문발로 197(문발동) 우편번호 10881
마케팅부 031)955-3100, 편집부 031)955-3200, 팩스 031)955-3111

값은 뒤표지에 있습니다.
ISBN 978-89-349-2425-8 04160
      978-89-349-2136-6 (세트)

홈페이지_ www.gimmyoung.com   블로그_ blog.naver.com/gybook
인스타그램_ instagram.com/gimmyoung   이메일_ bestbook@gimmyoung.com

좋은 독자가 좋은 책을 만듭니다.
김영사는 독자 여러분의 의견에 항상 귀 기울이고 있습니다.

지식인마을 16

벤담 & 싱어

Jeremy Bentham & Peter Singer

매사에 공평하라

최 훈 지음

김영사

공평하게 산다는 것

"그것은 불공평해!"

우리는 부당하게 차별받았다고 생각할 때 이런 말을 자주 한다. 엄마가 언니한테는 사탕을 두 개 주면서 나한테는 한 개만 줄 때, 다른 나라와의 협상이 공정하게 이루어지지 않을 때 등 이런 말은 두루두루 쓰인다. 그런데 왜 공평해야 하는가? 왜 차별은 옳지 않은가? 불과 1백여 년 전까지만 해도 신분에 따른 차별이 만연했고, 또 50여 년 전까지만 해도 피부색에 따른 차별이 공공연하게 이루어졌다. 그런데 왜 지금은 차별이 옳지 않단 말인가?

이 책은 공리주의의 원조인 제러미 벤담과 현대의 가장 영향력 있는 공리주의자인 피터 싱어를 소개한다. 벤담과 싱어는 이익들에 대한 평등 고려 원칙을 가지고 차별을 반대한다. 이익은 누구의 것이든 똑같이 고려해야 하므로 성별이나 피부색에 따른 차별은 옹호할 수 없는 것이다. 또한 이 원칙을 일관성 있게 밀고 나가면 동물에 대한 차별도 받아들일 수 없게 된다. 음식으로 동물을 먹거나 실험 도구로 이용하는 일이 일상적이고, 그것이 반성의 대상이 된다는 것 자체가 고려된 적 없는 세상에서는 그들의 동물 해방론이 생뚱맞을 수 있다. 그러나 그들이 보기에 그런 낯섦은 여성 차별을 당연시하던 시기에 여성 해방을 부르짖거나 인종차별이 의심받지 않던 시기에 흑인 해방을 외치던 사람들이 받던 시선과 조금도 다르지 않다.

이제는 적어도 공적으로는 여성 차별이나 인종차별을 용납하지 않는다. 하지만 왜 옳지 않은지를 생각해보지도 않고 당연하게 받아들인다면 차별을 당연시한 사람들과 별반 다르지 않다. 미처 문제시되지 않은 차별은 여전히 당연하게 생각할 것이기 때문이다. 종에 따른 차별도 그중 하나다.

이 책이 공평이라는 개념에 대해 밑바닥부터 다시 생각해보는 기회가 되었으면 하는 바람이다. 더 나아가 그 성찰이 실천에 대한 반성으로 이어졌으면 한다. 벤담과 싱어의 철학은 실천과 유리된 관념이 아니기 때문이다. 그들의 주장은 단순한 선언이 아니다. 단단한 논리적인 사유의 단계를 거쳐 실천과 관련된 결론에 다다른다. 그들은 그 결론에 따라 살았고, 살고 있는 것은 물론이며 많은 사람들을 행동하게 만들었다.

이 책은 벤담과 싱어의 공리주의를 소개하기에 앞서 먼저 의무론과 결과론이라는 양대윤리 이론을 설명한다. 공리주의가 결과론의 하나이기 때문이다. 따라서 이 책은 윤리이론 또는 윤리학 입문서로 이용될 수도 있겠다.

이 책의 주제는 채식주의가 아니다. 그러나 벤담과 싱어가 주장하는 공평한 삶은 동물에 대한 공평한 대우에까지 이어진다. 그리고 그 실천적인 귀결점이 채식주의다. 이 책을 쓰면서 육식에 대해 생각해보지 않을 수 없었다.

나는 동물을 평등하게 대우해야 한다는 주장에서 어떤 오류도 찾아내지 못했다. 논증(이성)이 이끄는 대로 따르라고 했던 플라톤의 가르침대로라면 육식을 단박에 그만두어야 하지만 감성의 노예인지라 아직도 고기의 맛에서 벗어나지 못하고 있다. 이 기회에 채식주의자로 사는 것도 생각해봤지만 아무래도 감당하기 힘든 일일 것 같다. 그래도 요즘은 이 책 후반부에 소개한 '비덩주의(덩어리 고기 먹지 않기)' 또는 '준채식주의' 정도는 실천하고 있다. 완전채식주의의 입장에서 본다면 채식주의라고 할 수 없겠지만 나로서는 대단한 결단이었다. 벤담과 싱어의 가르침을 관념으로만 머물지 않게 하려는 나의 자그만 실천으로 이해해줬으면 한다.

우리나라에도 건강이나 환경 문제 때문에 채식주의자가 된 사람이 꽤 있다. 하지만 앞서도 말했듯이 이 책의 주제는 채식주의가 아니므로 그런 채식주의는 다루지 않았다.

싱어의 강연을 한국에서 한 번, 오스트레일리아에서 한 번 들은 적이 있다. 하지만, 그는 내가 개인적으로 아는 사람은 아니므로 제외하고 철학적 반성에 의해 채식주의자가 된 경우는 내가 아는 사람 중에는 없었다. 그런데 친한 선배 중 한 분이 이태쯤 전부터 철학적 채식주의자가 되었다. 그것도 비건(vegan: 우유·달걀 등 동물성 식품을 일체 먹지 않는 완전 채식주의자)으로.

그는 내가 순전히 지적인 관심으로 동물 해방에 대해 물어볼 때도 진지하게 의견을 밝혀주었고 실천을 고민할 때도 도움을 주었다. 또 이 책의 초고를 읽고 오류를 바로잡아주고 새로운 아이디어도 주었다. 이유달 선생님께 감사드린다. 책의 성격상 깊이 있는 지적을 모두 반영할 수 없어서 아쉽다. 물론 여전히 있을 오류는 온전히 내 몫이다.

나는 종종 식탁에서 아내와 딸과 함께 공평과 채식을 주제로 이야기를 나눈다. 많은 도움이 되었음은 물론이다. 아내와 딸에게 감사와 사랑을 전한다.

집필을 격려해 주신 부모님께도 감사드린다. 싱어의 책은 우
리말로 여러 권이 번역되어 있다. 이 책에 인용을 허락해주신 역
자와 출판사에 감사드린다.

희훈

〈지식인마을〉시리즈는…

〈지식인마을〉은 인문·사회·과학 분야에서 뛰어난 업적을 남긴 동서양대표 지식인 100인의 사상을 독창적으로 엮은 통합적 지식교양서이다. 100명의 지식인이 한 마을에 살고 있다는 가정 하에 동서고금을 가로지르는 지식인들의 대립·계승·영향 관계를 일목요연하게 볼 수 있도록 구성했으며, 분야별·시대별로 4개의 거리를 구성하여 해당 분야에 대한 지식의 지평을 넓히는 데 도움이 되도록 했다.

〈지식인마을〉의 거리

플라톤가   플라톤, 공자, 뒤르켐, 프로이트 같이 모든 지식의 뿌리가 되는 대사상가들의 거리이다.

다윈가   고대 자연철학자들과 근대 생물학자들의 거리로, 모든 과학 사상이 시작된 곳이다.

촘스키가   촘스키, 베냐민, 하이데거, 푸코 등 현대사회를 살아가는 인간에 대한 새로운 시각을 제시한 지식인의 거리이다.

아인슈타인가   아인슈타인, 에디슨, 쿤, 포퍼 등 21세기를 과학의 세대로 만든 이들의 거리이다.

이 책의 구성은

〈지식인마을〉 시리즈의 각 권은 인류 지성사를 이끌었던 위대한 질문을 중심으로 서로 대립하거나 영향을 미친 두 명의 지식인이 주인공으로 등장한다. 그리고 다음과 같은 구성 아래 그들의 치열한 논쟁을 폭넓고 깊이 있게 다룸으로써 더 많은 지식의 네트워크를 보여주고 있다.

초대 각 권마다 등장하는 두 명이 주인공이 보내는 초대장. 두 지식인의 사상적 배경과 책의 핵심 논제가 제시된다.

만남 독자들을 더욱 깊은 지식의 세계로 이끌고 갈 만남의 장. 두 주인공의 사상과 업적이 어떻게 이루어졌으며, 그들이 진정 하고 싶었던 말은 무엇이었는지 알아본다.

대화 시공을 초월한 지식인들의 가상대화. 사마천과 노자, 장자가 직접 인터뷰를 하고 부르디외와 함께 시위 현장에 나가기도 하면서, 치열한 고민의 과정을 직접 들어본다.

이슈 과거 지식인의 문제의식은 곧 현재의 이슈. 과거의 지식이 현재의 문제를 해결하는 데 어떻게 적용될 수 있는지 살펴본다.

이 시리즈에서 저자들이 펼쳐놓은 지식의 지형도는 대략적일 뿐이다. 〈지식인마을〉에서 위대한 지식인들을 만나, 그들과 대화하고, 오늘의 이슈에 대해 토론하며 새로운 지식의 지형도를 그려나가기를 바란다.

지식인마을 책임기획 장대익
서울대학교 자유전공학부 교수

Contents 이 책의 내용

Jeremy Bentham

Chapter 1

Peter Singer

인간은
과연 공평한가?

외계인이 지구를 침략한다는 내용은 SF 영화의 단골 소재다. 외계인 침공 영화 중 〈에이리언^{Alien}〉(1979)은 4편까지 제작되었을 정도로 인기 있었던 영화다. 4편이 나온 후 〈에이리언〉의 팬들은 5편 제작에 많은 관심을 보이고 있다. 하지만 이 시리즈의 제작사인 20세기폭스사는 제작 여부에 대해 아직 공식적인 입장을 밝히지 않고 있다.

〈에이리언〉 5편이 제작된다는 가정 하에 이 책의 이야깃거리를 위해 그 내용을 가상으로 꾸며보자.

여전히 문어 같은 외계인들이 나오고 그 외계인들은 지구를 점령한다. 전편들을 보면 외계인들은 입 안에 입이 하나 더 들어 있다. 이것을 평소에는 숨기고 다니지만 누군가를 사냥할 때는 순간적으로 튀어나와 두개골을 뚫고 뇌를 파먹는다.

이제 지구를 점령한 외계인들은 더 이상 지구인을 사냥하지 않고 대량으로 사육하여 안정적으로 식량원을 공급받는다. 그들의 표현에 따르면 수렵 시기에서 목축 시기로 넘어가게 된 것이다.

소수의 지구인은 외계인을 피하여 도피 중이다. 줄곧 〈에이리언〉 시리즈의 주인공을 맡았던 리플리(시고니 위버 분)가 이번에도 빠지지 않는다. 빨치산처럼 산 속을 헤매는 그들은 외계인들로부터 어떻게 지구를 구할지 회의를 한다.

지구인1 너무 끔찍해요. 사람들을 소나 돼지, 닭처럼 길러서 잡아 먹다니.

리플리 우리처럼 도망 다니는 사람들은 얼마나 되나요?

지구인2 얼마 되지 않아요. 이 에이리언 놈들이 사육된 인간보다 야생 인간이 더 맛있다며 인간 사냥을 하고 있습니다. 양식보다는 자연산이 낫다네요. 나 참!

리플리 회도 양식보다 자연산이 맛있긴 해요. 어! 내가 지금 무슨 소리하는 거지? 현재 우리의 인원이나 무기 수준으로는 외계인들을 도저히 이길 수 없습니다. 어떻게 해야 좋지요?

지구인3 지금 에이리언 세계는 뉴본 에이리언이 패권을 잡고 있습니다. 생김새도 우리 인간과 비슷하고 무엇보다 사람들과 대화가 가능하다고 합니다.

영화 〈에이리언〉의 한 장면

뉴본 에이리언은 〈에이리언〉 4편

에서 처음 등장했다. 퀸 에이리언이 알이 아닌 자궁으로 직접 낳은 에이리언들이다. 이들은 텔레파시로 대화를 한다. 그리고 사람과 대화할 수 있는 장치를 개발했다.

지구인3 지난번 인간 목장에서 탈출한 사람들에게 들었는데 뉴본 에이리언은 에이리언들 중에서 가장 지능이 높다네요. 평균 IQ가 900은 된답니다. 그리고 이 놈들은 힘보다는 대화로 문제를 해결한다고 합니다. 그래서 합리적인 이야기라면 수긍을 한다고 하네요.

리플리 정말인가요? 믿기지 않네요.

지구인2 쉽지는 않겠지만 한번 만나보죠. 타협을 할 수도 있지 않을까요?

지구인1 그래요. 지금 당장 지구를 떠나라고 할 수는 없겠지만, 적어도 사람들을 잡아먹는 것은 중단시킬 수 있을 거예요.

지구인3 아마 사람을 먹는 것이 얼마나 야만적인지 알게 된다면 인육을 먹는 행위를 멈출 것입니다.

리플리를 비롯한 인간 대표들은 뉴본 에이리언들을 만나게 되었다.

리플리 이렇게 만나주셔서 고맙습니다.

지도자 에이리언 저도 만나서 반갑습니다. 저는 대화를 좋아합니다. 합당한 근거가 있으면 얼마든지 받아들이죠. 옳지 않은 일은 하지 않습니다.

리플리 이 지구의 주인은 우리 인간입니다. 에이리언은 지구를 떠나야 합니다.

지도자 에이리언 저는 태어날 때부터 지구에 살았습니다. 그래서 지구의 원래 주인이 누군지 몰랐습니다. 우리가 남의 재산을 빼앗은 거라면 당연히 물러나야죠.

리플리는 문제가 너무 쉽게 풀린다고 생각했다. 지도자 에이리언은 역사학자 에이리언을 불러 어떻게 된 일인지 물어보았다.

역사학자 에이리언 지구는 인간들이 지배하던 땅이 맞습니다. 152년 전에 사람들이 우주에서 타임 캡슐을 타고 귀환할 때 리플리의 배에 우리 조상인 퀸 에이리언의 알이 들어 있었습니다. 그때부터 우리 에이리언들은 지구에 살게 되었습니다.

지도자 에이리언 그래요? 리플리가 숙주였으면 유충이 알을 깨고 태어날 때 죽었을 텐데 어떻게 살아있는 거죠?

〈에이리언〉 3편 마지막에서 에이리언 알을 배에 품게 된 리플리는 용광로에 뛰어 들어 장렬한 최후를 맞는다. 그러나 〈에이리언〉 4편에서 리플리는 유전공학의 기술로 복제되어 부활한다. 이때 알도 함께 복제되어 다른 사람을 숙주로 삼아 유충이 태어나게 된 것이다.

지도자 에이리언 그렇게 된 거군요. 어쨌든 지구는 원래 인간들이 주인인 곳이 맞네요. 다른 에이리언들과 이 문제에 대해 의논해

보기로 하겠습니다. 사람들이 허락한다면 지구에서 함께 살면 좋겠습니다. 지구는 참 아름다운 별이니까요.

리플리 고맙습니다. 저희도 그 문제에 대해 상의해보겠습니다.

역사학자 에이리언 하지만 인간들도 지구가 생겼을 때부터 산 것은 아닙니다. 지금 인간들의 조상은 지금으로부터 1백만 년에서 4백만 년 전에 지구에 처음 나타났습니다.

지도자 에이리언 그래요? 그럼 이야기가 달라지는데.

리플리 그렇지만 우리 인간들은 몇 백만 년이나 지구에 살아왔어요.

지도자 에이리언 지구의 역사가 얼마나 되지요?

역사학자 에이리언 50억 년 정도 됩니다.

지도자 에이리언 50억 년 중 몇 백만 년은 짧은 기간입니다. 그 정도 살았다고 주인이라고 할 수 있나요? 참, 인간들이 지구에 출현하기 이전에 지구에 다른 생명체들은 없었나요?

역사학자 에이리언 있었습니다. 그중 바퀴벌레가 가장 오래된 생명체 가운데 하나입니다. 인간은 가장 늦게 나타난 생명체라고 할 수 있습니다.

지도자 에이리언 그러면서 지구의 주인 행세를 하는 것입니까?

리플리 우리 인간들은 만물의 영장입니다. 도구를 사용할 줄 알고 사회를 이루고 살며, 무엇보다도 모든 생명체 중에서 가장 지능이 높아요.

역사학자 에이리언 인간만이 도구를 사용하고 사회를 이루고 사는 것은 아닙니다. 다른 동물들 중에도 많이 있습니다. 지능이 가장 높다는 말은 맞지만, 그래 봐야 지능지수가 100 정도밖에는 안 되지요.

지도자 에이리언 지능이 높으니까 지구의 주인이 된다는 말씀인데, 그런 식으로 말하면 우리가 지구의 주인인 게 맞아요. 우리 뉴본 에이리언과 비교하면 당신들 지구인은 지능이 무척 낮습니다.

뉴본 에이리언의 평균 지능지수가 900이니 그렇게 본 것도 무리가 아니다. 리플리는 지구의 소유권 문제는 접어두고 식인 문제를 따지기로 했다.

리플리 좋습니다. 그 문제는 나중에 다시 이야기하기로 하고, 우선은 당신들이 인간들을 잡아먹는 것에 대해 말씀을 드리겠습니다.

지도자 에이리언 당신들은 잡아먹지 않을 테니 걱정 마세요.

지도자 에이리언은 농담처럼 말했지만, 리플리와 일행은 흠칫 놀랐다. 그러나 기죽지 않고 물었다.

리플리 에이리언들은 사람들을 집단 사육하고, 도살하여 고기로 먹고 있습니다. 당신들을 피해 살고 있는 사람들도 잡히면 죽여서 고기로 먹습니다. 이런 잔인한 일을 당장 중지해주세요.

지도자 에이리언 그렇지만 인간의 뇌는 정말 맛있어요. 우리 에이리언들은 사람 뇌 요리를 아주 좋아합니다.

리플리 맙소사! 맛있다고 해서 인간들을 잡아먹는 행위는 옳지 않습니다.

지도자 에이리언 왜 옳지 않죠? 잘 이해가 가지 않는데요.

초대 · 19

리플리 우리 인간들은 죽고 싶지 않습니다. 죽는다는 것은 아주 고통스럽습니다.

지도자 에이리언 아, 걱정 마세요. 우리는 전혀 고통을 주지 않는 도살 방법을 시행하고 있습니다.

리플리 도살 과정은 고통스럽지 않을지도 모르지만, 도살당할 미래를 아는 것만으로도 사람들은 불안해합니다. 그것은 굉장한 고통이지요. 이유 없이 고통을 주는 것은 옳지 못합니다.

지도자 에이리언 사람들이 도살당할 것이라는 사실을 아나요?

리플리 그럼요.

지도자 에이리언 그렇다면 고통스러울 것이라는 게 이해가 되네요. 도살당할 것이라는 사실을 모르게 하는 방법을 찾아보죠. 행복하게 살도록 하다가 어느 날 갑자기 도살하는 겁니다.

리플리 허걱! 어떤 방법으로든 사람을 죽이는 것 자체가 옳지 않습니다.

지도자 에이리언 왜죠?

리플리 사람들은 모두 자신만의 삶을 누리고 있고 미래에 대한 희망이 있습니다.

지도자 에이리언 그런데요?

리플리 죽임을 당하면 그런 삶과 희망이 꺾이게 됩니다. 생각해보세요. 내일 아침에도 사랑하는 가족들과 함께 지낼 수 있다는 희망을 가지고 잠들었는데 갑자기 죽는다면 그 희망은 어떻게 되겠습니까?

지도자 에이리언 듣고 보니 그러네요. 저는 저희 에이리언만 그런 희망이 있는 줄 알았는데 사람들도 그렇군요. 미처 몰랐습니다.

죄송합니다. 살고자 하는 욕망이 있는 존재를 죽이는 것은 그 존재가 에이리언이든 사람이든 상관없이 옳지 않은 일이죠. 당장 인간 도살을 중지시키도록 하겠습니다.

리플리와 사람들은 일이 너무 쉽게 해결되어 놀랐다. 어쨌든 한 가지 목표라도 달성해서 기분이 좋았다. 지도자 에이리언은 듣던 대로 합당한 근거가 있으면 받아들이는 외계인이었다.

지도자 에이리언 먼 길 오셨는데 식사라도 하고 가시죠. 뭘 좋아하시죠?

리플리 사람 고기가 아니라면 아무 거나 잘 먹습니다. 저희는 숨어 다니느라 잘 먹지 못했어요. 이제 좋아하는 소고기나 돼지고기를 맘껏 먹으려고 합니다.

지도자 에이리언 뭐라고요? 소나 돼지를 먹는다고요?

리플리 네. 무슨 문제가 있나요?

지도자 에이리언 소나 돼지도 고통을 느끼지 않나요?

리플리 그래서 저희도 그들의 고통을 최대한 줄이려고 노력하고 있습니다.

역사학자 에이리언 사람들의 도살 기술로는 소, 돼지를 고통 없이 죽일 수 없습니다. 그리고 과거의 기록을 보면 사람들은 아주 열악한 환경에서 소, 돼지를 사육했습니다.

지도자 에이리언 그래요? 그리고 소, 돼지는 살고자 하는 욕망이 없습니까?

역사학자 에이리언 물론 있습니다. 소나 돼지는 죽지 않았으면 즐겼을 즐거움을 죽음을 당함으로써 빼앗기게 됩니다. 다른 구성원들도 그 죽음 때문에 슬퍼합니다.

지도자 에이리언 사람들도 소나 돼지를 잡아먹으면서 왜 우리가 사람을 잡아먹는 것은 못하게 하죠?

리플리 사람과 동물은 다릅니다. (고개를 15도 정도 기울이며) 우리는 소중하니까요.

지도자 에이리언 뭐가 소중하다는 거죠?

리플리 우리 인간은 감정도 있고 사회를 이루고 살고 또…….

지도자 에이리언 그거야 인간이 아닌 다른 동물도 마찬가지고요.

리플리 우리는 동물보다 지능지수가 아주 높습니다.

지도자 에이리언 지능지수가 낮은 동물은 잡아먹어도 된다는 말씀인가요? 그러면 우리 에이리언이 사람을 잡아먹는 것도 문제가 없겠네요.

리플리 아니, 그게 아니고, 사람과 동물의 지능지수는 조금 차이 나는 정도가 아니라 아주 큰 차이가 납니다.

지도자 에이리언 우리가 보기에는 지능지수 면에서 사람들은 우리와 한참 차이가 납니다. 그러니 잡아먹어도 되겠네요.

역사학자 에이리언 침팬지 종류는 사람과 지능지수도 얼마 차이 안 나고 유전자도 거의 비슷합니다. 그런데도 사람들은 침팬지를 실험 도구로 쓰고 골을 빼먹기도 합니다.

지도자 에이리언 저런……. 그러면서 무슨 권리로 우리한테 잡아먹지 말라고 요구하죠?

리플리 우리는 언어를 사용합니다. 침팬지는 말을 할 줄 몰라요.

지도자 에이리언 하하. 우리 에이리언은 텔레파시를 씁니다. 당신들은 텔레파시를 쓸 줄 모르잖아요. 텔레파시는 인간들의 언어보다 훨씬 고차원의 커뮤니케이션 수단입니다.

리플리 (힘 없는 목소리로) 사람과 동물은 아예 종이 다릅니다. 그러니 사람은 동물을 잡아먹어도 됩니다.

지도자 에이리언 우리 에이리언과 사람도 종이 아예 다릅니다. 그러니 우리는 사람을 잡아먹어도 됩니다.

리플리와 사람들은 더 이상 할 말이 없었다. 그들은 그날 지도자 에이리언의 식사 재료가 되어야만 했다.

나는 외계인이 있는지 없는지 잘 모른다. 어쨌든, 우리보다 지능을 비롯한 모든 면에서 훨씬 뛰어난 외계인이 있다고 가정해 보자. 그들이 지구를 침략하여 우리를 지배하고 잡아먹으려 한다면 그들을 어떻게 설득할 수 있을까? 우리는 동물을 잡아먹으면서 그들에게는 인간을 잡아먹지 말아달라고 요구할 수 있을까? 우리는 공평한 걸까?

Jeremy Bentham

Chapter 2

만남
MEETING

Peter Singer

의무 다하기

착한 몸매와 착한 행동

'차카게 살자!'

맞춤법에 맞지 않는 이 말은 깍두기 머리의 조폭 아저씨가 팔뚝에 문신으로 써넣었을 것 같은 글귀이다. 그러나 실제 그런 문신을 한 무식한 조폭은 보지 못했다. 이 글귀는 한 개그맨이 조폭 흉내를 내면서 유행한 말이라고 알려져있다.

요즘은 '몸매가 착하다'라는 말도 유행한다. '몸매가 좋다'라는 말 대신에 '몸매가 착하다'라는 말을 쓰는 것이다. 좋은 것과 착한 것 사이에 뭔가 통하는 게 있다고 생각해서 그럴까? 아니면 몸매가 좋으면 뭔가 고마워서 그럴까? 언젠가는 '착하다'라는 말이 이런 식으로 굳어지지 않을지 모르겠다. 이래저래 '착하다'라는 말이 고생이다.

몸매가 됐든 마음씨가 됐든 착한 것은 좋은 것이다. 그런데 착한 몸매와 착하지 않은 몸매를 구분하기는 어렵지 않지만, 착한 마음씨와 착하지 않은 마음씨를 구분하기란 그리 쉬운 일이 아니다. 거리에 함부로 휴지를 버리지 않고, 엄마 심부름을 잘하고, 약속을 잘 지키면 착한 사람이 맞다. 뇌물을 받거나 이유 없이 사람을 괴롭히는 것이 나쁘다는 것도 잘 안다. 하지만 세상살이에는 착한 일인지 나쁜 일인지를 명확히 구분할 수 없는 일도 많다. 거짓말을 하지 않기 위해서 독립군이 어디 있는지 솔직하게 말하는 것이 착한 일인가? 열아홉 번째 생일 하루 전날 술집에 가서 술을 먹는 것은 나쁜 일인가? 지하철 철로에 떨어진 어린아이를 구한 일은 정말로 착한 일이지만 똑같은 상황에서 그렇게 하지 못했다면 그건 나쁜 행위일까? 또 마약 복용은 엄연히 위법이지만 과연 부도덕한 일일까? 골방에서 포르노물을 보는 것은 어떤가? 착하게 살고 싶어도 어떨 때 착하다고 하는지 헷갈리는 경우가 많다.

양심 냉장고의 도덕 원리

어떻게 살아야 착하게 사는 것일까? 다음과 같은 상황을 생각해보자. 지하도에서 한 할머니가 힘겹게 무거운 짐을 짊어지고 계단을 올라가고 있다. 이것을 봤다면 어떻게 해야 할까? 아주 급한 일이 없다면 당연히 도와드리는 게 착한 행동이다. 이 점에서는 다른 의견이 없다. 하지만 똑같은 행동을 했을 때 그 계기가 각자 다를 수 있다. 그리고 그 계기를 안다면 착하다는 평가도 약간씩 달라질 수 있다. 어떤 생각으로 그런 행동을 했을 때 착하다고 말할 수 있을까? 아래 내용을 살펴보고 생각해보자.

> 1. 양심 냉장고가 탐이 나서
> 2. 아무 생각 없이
> 3. 도움을 필요로 하는 사람을 보면 도우라고 배워서
> 4. 할머니가 불쌍해서
> 5. 도와드리면 할머니가 기뻐하실 것 같아서
> 6. 도와드리면 내 마음이 뿌듯해서

양심 냉장고는 텔레비전의 한 프로그램에서 착한 일을 한 사람을 찾아내 주었던 상품이다. 양심 냉장고가 탐이 나서 할머니를 도와줄 수도 있다. 그러나 우리는 그런 사람을 착하다고 말하지 않는다. 왜 그럴까? 이 질문에 "양심 냉장고가 탐이 나서 도와주었으니까 그렇지"라고 대답하면 올바른 대답이 아니다. 지금 질문은 왜 양심 냉장고가 탐이 나서 도와주면 착한 일을 했다고 말할 수 없느냐는 것이다. 왜 양심 냉장고 때문에 남을 도우면 그것은 착한 일이 아닌가? 어른들께 칭찬받기 위해 도와드렸다면 아마 착하다고 할 것이다. 양심 냉장고와 칭찬 사이에는 무슨 차이가 있는가? 양심 냉장고가 탐이 나든 칭찬이 탐이 나든 어쨌든 할머니는 도움을 받지 않았는가?

우리는 할머니를 도운 행동이 착하다는 것을 이미 알고 있다. 그렇다면 왜 그 행동이 착한지 이유를 생각해보자. 앞에서 나온 몇 가지 대답들이 그 이유가 될 수 있다. '도움을 필요로 하는 사

람을 보면 도우라고 배워서' 혹은 '도와드리면 할머니가 기뻐하실 것 같아서'라는 대답은 자신의 행동이 옳다고 믿는다는 것을 옹호하며 정당화하는 것이다. 철학자들은 자신의 행동이 옳다는 것을 정당화하며 제시하는 이유를 윤리 또는 도덕 원리라고 부른다. 그리고 '착하다'라는 말보다는 '옳다'라는 말을 더 많이 쓴다. 이 책에서도 '옳다'라는 말이 더 많이 등장할 것이다.

자, 그러면 "양심 냉장고가 탐이 나서 할머니를 도와드렸기 때문에 그 행동은 착하다"고 말하는 것도 도덕 원리를 제시한 것일까? 그것도 자신의 행동을 어떤 식으로든 정당화하는 것이기 때문에 도덕 원리를 제시한 것은 맞다. 그러나 도덕 원리로서는 뭔가 어정쩡하다. 왜 그럴까? 우선 자신의 행동이 옳다는 이유를 제시하는 원리라면 한 상황에만 들어맞아서는 안 되고 비슷한 경우에 두루 맞아야 한다. 그런데 양심 냉장고가 걸려 있는 상황은 아주 드물다. 아마 우연히 그 자리에 있고 방송을 촬영하고 있다는 것을 알아챈 그 순간밖에 없을 것이다. 결국 '양심 냉장고가 탐이 나서' 할머니를 도와드렸다고 말하는 것은 그때 내가

🏺 '착하다'와 '옳다' 어떻게 다를까?

엄격하게 말하면 윤리학에서는 '착하다'는 품성을 나타내고 '옳다'는 행위를 말하므로 서로 바꾸어서 쓸 말은 아니다. 그리고 '옳다'도 더 정확하게는 '도덕적으로 옳다'라고 말해야 한다. 지구가 둥글다는 것도 옳지만 그것이 도덕적으로 옳은 것은 아니므로 '도덕적'이라는 수식어를 붙여주는 게 정확할 것이다. 그러나 오해를 사지 않을 맥락에서는 그냥 '옳다'라고 할 수 있다.

어떤 이유 때문에 이러이러하게 행동했다는 설명밖에 안 된다. 원리에 의한 정당화라고 말하기도 힘들다. 따라서 '양심 냉장고가 탐이 나서'는 도덕 원리라고 부르기에는 부족하다.

아주 특이한 사람이라면 확고한 신념으로 '양심 냉장고가 탐이 나서' 다른 사람을 돕는다는 도덕 원리를 지니고 살 수 있다. 그는 양심 냉장고가 걸려있지 않을 때는 전혀 다른 사람을 돕지 않는다. 자신이 어려움에 처했을 때도 양심 냉장고를 보상으로 주지 않는 이상 다른 사람이 자신을 도와주지 않았다고 해서 그 사람을 비난하지도 않는다. 이런 정도라면 도덕 원리라고 부를 수도 있겠지만 이렇게 살기는 쉬운 일이 아닌 것 같다.

어떤 사람들은 자신은 양심 냉장고가 탐이 날 때만 다른 사람을 도우면서 다른 사람들은 보상과 상관없이 자신을 도와야 한다고 주장하는 사람도 있을 것이다. 그러나 이것은 놀부 심보고 조폭의 규율이지 도덕 원리라고 말할 수 없다. 도덕 원리라면 나뿐만 아니라 다른 사람도 이 원리를 실천하라고 설득할 수 있어야 한다.

양심 냉장고에 대해 말하는 가운데, 도덕 원리가 되려면 적어도 두 가지 점을 만족해야 한다는 것이 자연스럽게 나왔다. 한 가지는 위에서 말한 대로 정당화할 수 있어야 한다는 점이다. 자신이 살아가는 방식이 옳다고 믿고 그것의 근거를 댈 수 있어야 한다. 따라서 할머니를 '아무 생각 없이' 도와드리는 행동에는 도덕 원리가 없다(이 경우에도 도덕 원리가 될 수 있는 가능성을 나중에 설명하겠다).

대부분의 도둑들은 도둑질을 하면서 자신이 하는 일이 옳다고 믿거나 정당화하지 않는다. 스스로도 나쁜 짓이라고 생각하고 들킬까 봐 마음을 졸인다. 도둑에게 도덕 원리가 없는 것은 그들의 행위가 나쁘기 때문이 아니라 정당화를 하려고 하지 않기 때문이다. 혹시 홍길동이나 로빈 후드처럼 자신의 도둑질을 정당화할 수 있다면 그들은 나름대로의 도덕 원리를 가지고 있다고 봐야 한다. 그리고 남의 것을 빼앗고 자기 것은 굳게 지키는 놀부가 '내 것은 내 것, 네 것도 내 것'이라는 신념을 가지고 있다면 놀부 심보도 도덕 원리의 한 가지 조건은 만족하고 있는 것이다.

도덕 원리가 되기 위한 또 한 가지 조건은 일반화가 가능해야 한다는 것이다. 그 원리를 나에게만 적용하는 것이 아니라 비슷한 다른 모든 사람들과 상황에 두루 적용할 수 있어야 한다. 즉, 나도 이런 생각을 가지고 있으니 너도 이런 생각을 가지라고 설득할 수 있어야 한다. 나름대로 정당화된 놀부 심보도 이 점은 만족하지 못한다. 놀부가 다른 사람에게도 '내 것은 내 것, 네 것도 내 것'이라는 원칙을 가지라고 말할 수는 없다. 당장 자기 것을 뺏기게 되니까. 그래서 놀부 심보는 도덕 원리가 될 수 없다.

정당화와 일반화를 도덕 원리가 되기 위한 두 가지 조건이라고 말했지만, 엄밀하게 말하면 필요조건은 되지만 충분조건은 되지 못한다. 도덕 원리가 되기 위해서는 두 가지 조건을 갖추고 있어야 하지만 거꾸로 두 가지 조건을 갖추었다고 해서 곧 도덕 원리가 되는 것은 아니기 때문이다. 가령 '바지를 입을 때는 오른쪽 발부터 집어넣어야 한다'거나 '창문을 닫으면 케어스를 켜자'라는 원칙은 이유도 제시할 수 있고 다른 사람들에게도 적용할 수 있다. 그러나 이런 원칙이 윤리적인 원칙이라고는 아무도 생각하지 않을 것이다.

지킬 것은 지킨다?

정당화와 일반화라는 두 조건을 만족하는 도덕 원리는 크게 두 가지가 있다. 의무론과 결과론이 그것이다. 간단하게 말하면 어떤 행동이 윤리적인가 비윤리적인가 판단할 때 의무론은 우리가 지켜야 할 의무, 곧 규칙을 중시한다. 반면에 결과론은 행위의 결과를 중요하게 생각한다. 무거운 짐을 든 할머니를 도와드린 이유가 무엇이냐는 물음으로 돌아가보자. '도움을 필요로 하는 사람을 보면 도우라고 배워서'라는 대답이 있었다. 도움을 필요로 하는 사람을 도우라는 것은 하나의 규칙이다. 그 규칙을 부모님께 배웠을 수도 있고, 학교에서 배웠을 수도 있고, 아니면 교회에서 배웠을 수도 있다. 조폭이라면 큰형님께 맞아가면서 배웠을 수도 있다. 누구에게 배웠든 윤리는 그러한 규칙의 체계이며, 그 규칙을 제대로 지키는 행위가 옳은 행위라고 생각하는 이론이 의무론이다. 한편 결과론은 행위가 가져올 결과 또는 어떤 행위를 할 때 목적을 따져봐서 좋은 결과가 나오면 옳은 행위라고 판단하는 이론이다. "왜 할머니를 도와드렸니?"라고 물었을 때 "할머니가 기뻐할 것 같아서요" 또는 "내 마음이 뿌듯해져서요"라고 대답한 사람들은 결과론자들이다. 할머니를 도와드렸을 때 따라올 결과가 좋다고 생각하기 때문에 그 행위를 한 것이다.

5~6년 전 한 강장제의 TV 광고 중 꽤 널리 알려진 것이 있었다. 운동장에서 젊은 남자들이 과격하게 축구를 하다가 한 청년이 넘어지고 괴로워한다. 그리고 지하철을 타고 귀가하는 두 청년. 그들이 나누는 대화다.

> 청년 1: 오랜만에 하니까 장난 아닌데.
> 청년 2: 야, 앉아.
> 청년 1: ('노약자 지정석'이라는 표시를 보고) 됐어. 우리 자리가 아니잖아.
> 청년 2: 괜찮냐?
> 청년 1: (대답 대신 지하철 손잡이를 잡고 턱걸이를 한다.)
> (청년 1, 2 마주 보고 웃는다. 이어지는 내레이션)
> "젊음, 지킬 것은 지킨다. 박카스."

뭘 지킨다는 뜻일까? "젊은 사람은 노약자·경로자 지정석에 앉으면 안 된다"라는 규칙일 것이다. 의무론자들은 바로 이런 젊

이봐, 젊은이! 피곤하지?

1993년에 나온 박카스 광고도 유명했다. 버스 종점에서 잠들어 있는 학생에게 버스 기사가 "이봐, 젊은이! 피곤하지?"라며 박카스를 건넨다. 광고에 등장한 그 노선 버스를 탄 학생들은 종점에 가면 버스 기사에게 "아저씨, 박카스 안 줘요?"라고 말했다고 한다.

은이와 같은 사람들이다. 그들은 그 자리에 앉았을 때 어떤 결과가 생길지 따져보지 않고 지켜야 할 규칙을 지키는 것이 옳은 행동이라고 생각한다.

세상에는 수많은 사람들이 다양한 방식으로 살아간다. 그렇기 때문에 지킬 것은 지켜야 한다고 생각하더라도 그 지킬 것이 무엇인지는 사람마다 다르다. 예를 들어, 앞의 광고와 시리즈인 또 한 편의 광고에서는 남자가 여자 친구의 손을 잡고 뛴다. 여자 친구의 집 앞에 도착해서 숨을 헐떡일 때 전편과 같은 내레이션이 또 나온다.

이 젊은이들은 '귀가 시간을 어겨서는 안 된다' 또는 '다 좋은데 귀가 시간은 지켜야 하네'라는 여자 친구 아버지의 말씀을 지켜야 할 규칙으로 삼고 있다(밤 10시밖에 안 됐는데, 좀 소심한 것 같다). 그런데 지하철 광고에 나온 젊은이들은 "젊은 사람은 노약자·경로자 지정석에 앉으면 안 된다"라는 규칙은 지켜야 할 것이라고 생각하지만, 귀가 시간 규칙은 지켜야 할 것이라고 생각하지 않을지도 모른다. 여자 친구가 집에 가야 한다고 말하면 "지킬 것은 지켜야지"가 아니라 "지킬 걸 지켜야지. 네가 애냐?"라고 말하지 않을까?

이런 사소한 규칙은 사람마다 다르고 문화마다 다르다. 하지만 대부분의 사람들이 동의하는 규칙도 있다. '사람을 죽이지 말라'거나 '거짓말을 하지 말라'는 규칙은 어느 문화권에나 다 있다. 모세의 십계명에도, 함무라비 법전에도, 고조선 8조법에도 사람을 죽이면 안 된다는 규칙이 나온다. 또한 꼭 기록되어 있지 않더라도 어느 사회에서나 이 규칙은 받아들여진다. 사람들은 모든 이들이 동의하는 규칙부터 개인마다 사회마다 다른 규칙까지 수많은 규칙들을 가슴속에 담고, 규칙이기 때문에 그것을 지켜야 한다고 생각한다.

그러나 지하철 광고에 나온 젊은이들 같은 사람들만 있는 것은 아니다. 규칙에는 항상 예외가 있다고 생각하는 사람들도 많다. 앞의 광고에서 청년 1은 다리를 다쳤다. '노약자 지정석은 환자도 앉을 수 있는 자리이니까 이 상황에서 청년 1은 앉아도 되는 것 아닌가? 더구나 지금 지하철 안에는 꼭 앉아야 할 노약자도 없는데.' 이렇게 생각하는 사람들은 결과론자다. 그들은 주어진 규칙을 따르기보다는 행동을 했을 때 따라올 결과가 좋다면 그 행동은 옳다고 생각한다. 이들도 물론 사람을 죽이면 안 된다고 생각한다. 그러나 그러면 안 되는 이유는 그것이 규칙이기 때문이 아니다. 사람을 죽이면, 그 사람이 죽지 않았으면 누렸을 행복을 빼앗기 때문이다. 그래서 혹시 사람을 죽이더라도 더 좋은 결과를 가져올 경우에는 잘못이 아니라고 생각한다. 그런데 과연 그런 경우가 있을까? 여기에서 많은 결과론자들은 히틀러[Adolf Hitler, 1889~1945]를 예로 든다. 그가 죽는다면 훨씬 더 많은 사람들이 행복을 찾게 되므로 히틀러를 죽일 수 있는 상황에서 죽이지 않는 것은 옳지 않다고 주장한다. 바로 이런 이유 때문에 안중근 의사나 윤봉길 의사는 사람을 죽였지만 의로운 사람으로 칭송받는다.

종교의 윤리

　의무론 중에 가장 널리 알려진 이론은 크리스트교 윤리와 칸트 윤리학이다. 의무론은 우리가 지켜야 할 규칙들의 체계가 윤리라고 생각한다고 했는데, 이 규칙들 중에서 대표적인 것이 모세의 십계명이다. 십계명은 하느님이 모세에게 계시한 열 가지 계명으로, 돌판 두 개에 새겨져 이스라엘 백성들에게 전승되었다고 한다. 유대교나 크리스트교를 믿는 사람들은 십계명을 종교생활뿐만 아니라 사회생활의 규칙으로 삼고 있다. 크리스트교는 여기에 덧붙여 "네 이웃을 사랑하라"는 예수의 가르침까지 지켜야 할 규칙으로 받아들인다. 대부분의 종교에는 십계명처럼 지켜야 할 규칙의 목록이 있고, 그 목록이 종교의 중요한 부분을 차지한다. 이 규칙들은 그 종교의 구성원이라면 어떤 경우에도 지켜야 하는 절대적인 것이다. 예컨대 "왜 거짓말을 하면 안 되는가?"라고 물으면 이들은 "십계명에 그렇게 나와 있기 때문에"라고 대답할 것이다. 십계명은 하느님이 계시한 말씀이므로 이 말은 곧 "하느님께서 거짓말하지 말라고 했으므로 거짓말하면 안 된다"라고 말하는 것이나 똑같다. 이런 점에서 크리스트교 윤리는 대표적인 의무론이다.

　크리스트교 신자들은 교회 밖의 일상생활에서도 십계명을 따라 사는 것이 옳은 일이고 그것을 어기는 것은 그르다고 생각한다. 예를 들어 그들은 낙태나 안락사를 반대한다. 그 이유는 낙태나 안락사의 대상이 되는 태아나 환자는 하느님이 만든 인간이므로 이것은 살인하지 말라는 하느님의 명령을 어기는 것이기 때문이다. 그들은 십계명뿐만 아니라 성경을 근거로도 도덕적인 판단을 한다. 가령 동성애를 반대하는 것도 '너희들은 동성연애를 해서는 안 된다. 이것은 추잡한 짓이다'(레위기 18장 22절)라고 성경에 나와 있기 때문이다.

그런데 크리스트교 신자들은 자신들의 의무를 자신들만 지키는 것이 아니라 신자가 아닌 사람들에게도 지킬 것을 요구하는 데서 문제가 생긴다. 이들은 낙태나 안락사를 제도적으로 허용하지 말라고 강력하게 요구한다. 미국에서는 자신들의 윤리적 기준에 동조하는 정치인을 지지하고 선거에서 표를 던진다.

자신들만의 윤리라면 상관이 없지만 모든 사람들에게 적용하려면 보편적인 도덕 원리가 될 수 있는지 검토해야 한다. 가장 먼저 하느님의 명령인지 아닌지 어떻게 아느냐고 물어볼 수 있다. 신자들은 성경에 쓰여진 것이 하느님의 말씀이라고 대답한다. 그러나 성경에는 과학적인 사실과 어긋나는 구절도 있고, 여러 가지 해석이 가능한 구절도 있고, 서로 모순되는 구절도 있으며, 상식으로 받아들이기 힘든 구절도 있다. 천지창조 이야기를 정말로 일어난 일이라고 믿는 신자도 있지만 비유적인 표현일 뿐이라고 생각하는 신자도 많다. 성경은 살인을 금지하고 있지만 사형이나 전쟁에서의 살상을 옹호하는 신자들도 많다. 이런 것들을 보면 하느님의 명령이 무엇인지 분명하지 않고 그것을 읽는 사람의 자의적인 해석이 개입되는 것 같다.

꼭 종교인이 아니더라도 많은 사람들은 종교와 윤리는 밀접한 관련이 있다고 생각한다. 그러나 크리스트교가 생기기 전에 그리스의 철학자 플라톤Platon, BC 427?~347?은 대화편 《에우티프론

윤리는 종교 없이 성립할 수 있다고 주장한 플라톤

Euthyphron》에서 윤리는 종교 없이 성립할 수 없다고 주장했다. 크리스트교뿐만 아니라 모든 종교에서는 옳은 것은 신이 시켰기 때문에 옳은 것이라고 말한다.

플라톤은 이렇게 묻는다. 곧 그 행위가 신이 시켰기 때문에 옳은가 아니면 원래 옳기 때문에 신이 시켰을까? 예를 들어 어려운 사람을 보면 돕는 행동은 신이 자선을 행하라고 명령했기 때문에 옳은 행동일까 아니면 신의 명령과 상관없이 원래부터 옳으므로 신이 명령했을까? 종교인들은 신이 명령했기 때문에 옳다고 대답할 것이다. 그러나 그렇게 되면 종교인 스스로도 받아들이기 힘든 결론에 이르게 된다. 만약 신이 학살이나 고문을 명령했다면 그것도 선한 것일까? "신이 명령했다면 그것도 받아들여야 한다"고 말하는 종교인이라면 이 질문에서 아주 곤궁한 입장에 처할 것이다. 그래서 대부분의 종교에서는 이런 식으로 그 질문을 빠져나갈 것이다. "선한 신이 그런 나쁜 일을 시킬 리가 절대로 없다"고 말이다. 그러나 이 대답에는 학살이나 고문 같은 행위는 이미 나쁜 행위라는 전제가 깔

● 대화편

대화의 형식으로 철학적 내용을 풀어쓴 책. 특히 소크라테스를 주인공으로 한 플라톤의 대화편을 말한다. 플라톤은 생전에 30여 편의 대화편을 썼는데, 《국가Politeia》, 《향연Symposion》, 《소크라테스의 변명Apologia Sokratous》, 《파이돈Phaidon》 등이 유명하다.

려 있다. 학살이나 고문은 신이 시키든 안 시키든 어쨌든 나쁜
행위라는 것이다.

플라톤은 신의 명령에서 윤리의 근거를 찾으려는 이들을 딜레
마에 빠뜨렸다. 어떤 행위가 신이 시켜서 옳은 것이라고 한다면
극악무도한 행위마저도 신의 명령인 경우 용납할 수 있게 되고,
원래 옳으므로 신이 시킨 것이라고 한다면 신의 개입 없이도 그
행위는 옳은 것이 된다. 신을 끌어들여 도덕적으로 옳음을 규정
하려는 시도는 이래도 문제, 저래도 문제가 되는 것이다.

지금 여기서 종교 자체를 부정하려는 것이 아니다. 성경이나
불경의 말씀이 잘못됐다고 말하는 것은 더욱 아니다. 다만 종
교에 근거를 둔 윤리적 가치를 종교 밖에까지 일반화하여 도덕
원리로 내세우려는 시도를 문제 삼는 것뿐이다. 종교는 오래 전
에 과학에서 분리된 것처럼 윤리와도 분리되는 게 맞다.

칸트의 의무론

이마누엘 칸트^{Immanuel Kant, 1724~1804}는 서양의 철학사에서 가장 중
요하고 영향력 있는 철학자 중 한 명으로 꼽힌다. 그는 지금은
러시아 땅이 되고 이름도 칼리닌그라드로 바뀐 쾨니히스베르크
에서 태어나 평생 그 도시에서만 살았다.

도덕적인 행동에 대한 칸트의 생각은 대표적인 의무론이다.
그는 의무감에서 한 행동만이 도덕적이라고 분명히 말한다. 즉,
무거운 짐을 든 할머니를 도와드릴 때 그것이 의무라는 생각에

선의지에 따른 행위만을 도덕적이라고 주
장한 이마누엘 칸트

서 도와드리는 것만이 도덕적이고, 다른 이유로, 가령 할머니가 불쌍해서라든가 할머니를 도와드리면 할머니가 기뻐하실 것 같다든가 하는 이유로 도와드리는 것은 도덕적이라고 할 수 없다고 말한다. 할머니를 도와드린다는 결과는 똑같지만 어떤 동기에서 그런 행동을 했느냐에 따라 도덕적이라는 평가가 달라진다는 것이다.

칸트는 무조건적으로 착하다고 할 수 있는 것은 선의지善意志 밖에 없다고 말한다. 우리의 품성에는 착하다고 할 수 있는 선의지 외에 여러 가지가 있다. 용기, 행복, 끈기, 절제 등등. 그러나 이런 것들은 무조건적으로 착하다고 할 수 없다. 용기가 백배하고 아주 끈기 있으며 행복해하는 조폭이 선의지가 없는 경우를 상상해보라. 무섭지 않은가? 그래서 무조건적으로 착한 것은 선의

🍼 철학자의 고향

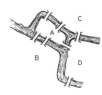

칸트의 고향인 쾨니히스베르크는 수학의 쾨니히스베르크 다리 문제로도 유명하다. 7개의 다리를 한 번씩만 건너서 산책할 수 있을까 하는 문제인데, 스위스 출신의 위대한 수학자인 오일러Leonhard Euler, 1707~1783가 그것은 불가능하다는 것을 증명했다.

지밖에 없다고 말하는 것이다. 그의 말을 들어보자.

> 선의지는 그것이 수행한 행위나 결과, 어떤 목적의 달성을 위한
> 경향성 때문이 아니라, 오로지 선에 대한 의욕 때문에 선한 것
> 이다. 말하자면 그 자체로 선한 것으로서, 그것에 의해 실현될
> 수 있는 그 어떤 것에 비할 바 없이 선의지 자체만으로 높이 평
> 가되어야 한다.
>
> 《도덕 형이상학 원론Grundlegung zur Metaphysik der Sitten》(1785)

칸트에 따르면 선의지는 결과나 경향성이 아니라 의욕 때문에
선하다. 여기서 경향성이란 할머니를 도와드릴 때 느끼는 불쌍
한 감정을 말한다. 칸트의 의무론은 참으로 독특하고 보통 사람
들의 생각과도 많이 다르다. 우리가 정말로 착하다고 생각하는
행동들은 칸트의 이론에 따르면 착한 행동이 아니게 되기 때문
이다. 심청은 아버지의 눈을 뜨게 하기 위해 자기 몸을 바다에
던졌다. 그러나 심청이 아버지를 돕는 것이 의무라는 생각에서
그렇게 한 것이 아니라 자기 행동이 아버지의 눈을 뜨게 하는 결
과를 가져올 것이기 때문에 그렇게 했다면 착한 행동이라고 볼
수 없다. 심청이가 착하지 않다니!

성경에는 착한 사마리아 사람 이야기가 나온다. 어떤 행인이
강도를 만나 옷을 빼앗기고 상처를 입었는데 다른 사람들은 모
두 못 본 척하고 지나갔다. 심지어 당시 상류층인 제사장이나 레
위인들도 그 사람을 피해 갔다. 그러나 당시 유대인과 적대관계
였던 사마리아 사람 중 한 명은 불쌍한 마음이 들어 그의 상처를

싸매주고 자기의 나귀에 태워 여관으로 데리고 가서 보살펴주었
다. 그리고 다음날 여관 주인에게 돈을 주며 "이 사람을 돌봐주
시오. 비용이 더 들면 내가 돌아오는 길에 갚겠습니다"라고 말했
다고 한다. 이 사마리아 사람은 누가 봐도 착한 사람이고 예수도
이렇게 살라고 가르친다. 그러나 그 사마리아 사람이 불쌍한 마
음 즉, 경향성에 의해 강도를 만난 행인을 도왔다면 칸트의 기준
으로는 착한 사람이 아니다.

반대로 착한 사람이라고 할 수 없는 사람이 칸트에 따르면 착
한 사람이 된다. 내가 무거운 짐을 든 할머니를 만났다고 해보
자. 나는 그 할머니가 불쌍하다는 생각이 전혀 들지 않는다. 그
리고 그 할머니를 도와드리는 것이 그 할머니에게 어떤 이익이
되는지도 모른다. 나한테는 당연히 이익이 아니다. 내가 할 일을
방해받고 무거운 짐을 들어야 하니까. 그러나 도움을 필요로 하
는 사람을 도우라는 규칙이 생각났다. 나는 지킬 것은 지켜야 한
다는 생각을 지니고 산다. 그래서 그 규칙을 지켜야 한다는 의무
감에서 할머니를 도와드렸다고 하자. 정말 도와드리기 싫은데,
도와드리는 것이 의무라고 하니까 도와드리는 것뿐이다. 얼굴에
는 인상 팍팍 쓰면서. 이런 사람을 착하다고 할 수 있을까? 그러
나 칸트의 기준에 따르면 심청이나 착한 사마리아 사람보다 더
착한 사람이다.

더 문제가 되는 것은 규칙을 지켜야 한다는 의무를 강조하다
보니 예외를 전혀 인정하지 않는다는 것이다. 친구에게 엔진톱
을 빌렸다. 그리고 오늘이 돌려주기로 약속한 날이다. 그런데 친
구는 씩씩거리며 나에게 왔다. 누군가에게 복수해야 한단다. 무

척 흥분한 상태여서 지금 엔진톱을 돌려주면 당장 누군가를 죽일 테세다. 이때 친구에게 엔진톱을 돌려줘야 하는가? 빌린 물건을 돌려주기로 한 약속을 지켜야 한다는 의무와 돌려줬을 때 생길 비극적인 결말 중 어느 쪽이 더 중요한가?(이것은 플라톤이 든 예다. 물론 그는 엔진톱이 아니라 도끼를 예로 들었지만) 대부분의 사람들은 이 상황에서 약속을 지키는 것은 바보 같을 뿐만 아니라 엄청난 비극을 방조하는 범죄라고 생각할 것이다. 그러나 칸트에 따르면 이 경우에도 약속이라는 의무를 지키는 것이 옳은 일이다.

더 끔찍한 경우도 마찬가지다. 일제강점기에 살고 있는 나는 독립군들이 어디 숨어 있는지 안다고 해보자. 일본 경찰이 독립군이 어디 있는지 아느냐고 나에게 물어본다. 어떻게 대답해야 하는가? 모른다고 대답하면 거짓말을 하는 것이다. 이것은 거짓말을 하면 안 된다는 의무를 어기는 것이다. 우리는 이럴 때의 거짓말을 어쩔 수 없는 거짓말 또는 선의의 거짓말이라고 부른다. 오히려 사실대로 말하는 사람을 답답한 사람, 더 나아가서 악을 위해 협조하는 사람이라고 손가락질할 것이다. 그런데도 칸트에 따르면 이런 경우에도 거짓말을 하지 않는 것이 도덕적인 의무다.

칸트를 위한 변명

칸트는 정말로 꽉 막힌 사람일까? 거짓말을 하지 않기 위해 더 많은 사람의 불행에는 눈감는 사람일까? 그는 왜 결과나 경향성보다 의무감을 중요시한 걸까? 무언가 이유가 있지 않을까? 한가지 이유는 칸트가 모든 사람이 도덕적인 사람이 될 수 있다고 믿었기 때문이다. '해야 함^{ought}은 할 수 있음^{can}을 함축한다'라는 원리가 있다. 할 수 없는 것을 해야 한다고 강요할 수 없으므로 할 수 있는 것만 의무로 부과한다는 뜻이다.

서울에서 부산까지 걸어서 1시간 내에 갈 수 없는데 1시간 내로 와야 한다고 말할 수 없다. 혼자서 일본군을 모두 무찌를 수 없는데 무찌르라고 말하는 것도 잘못이다. 통제할 수 있는 것에만 도덕적인 책임을 물을 수 있고 반대로 칭찬도 할 수 있다. 의지 또는 의무감은 제어할 수 있는 것이다. 그러나 결과나 경향성은 통제권 밖에 있다. 그래서 칸트는 결과나 경향성을 가지고 옳은지 그른지 판단하는 것은 할 수 없는 일을 강요하는 것이라고 생각했다. 왜 그런지 보자.

먼저 결과는 어떤 쪽이 좋은지 예측할 수가 없다. 흥분한 친구에게 엔진톱을 돌려주는 것은 미친 짓이라고 대부분의 사람들은 말하겠지만 우리가 신이 아닌 이상 정말로 꼭 그런지 알 수가 없다. 나쁜 결과가 나올 가능성이 아주 높긴 하지만 반드시 그렇다고 말하긴 힘들다. 또 만약 그 친구가 흥분된 상태를 감추고 있고 내가 눈치가 별로 없는 사람이라면 약속을 지킨다는 좋은 의도로 엔진톱을 돌려줄 수도 있다. 그런데 무시무시한 결과가 일어났다고 하자. 이때 나는 그 결과 때문에 비난을 받아야 하는가? 결과 예측을 잘못해서 똑같은 행동이 다르게 평가되는 것은 공평하지 못하다고 생각할 수 있다. 또한 그런 예측에 약한 사람에게는 불리할 수도 있다.

독립군이 숨은 곳을 모른다고 거짓말하는 것도 마찬가지다. 사실대로 말할 때의 그 결과가 꼭 나쁘다고 말할 수는 없다. 하지만 나쁜 결과가 나올 가능성은 높다. 칸트도 좋은 결과가 생길 것이라고 생각지는 않을 것이다. 다만 결과를 기준으로 도덕 규칙에 자꾸 예외를 두다 보면 걷잡을 수 없는 상황이 닥칠 것을 우려했는지 모른다. 사실 일본군이나 히틀러라고 해서 도덕 원리가 없겠는가? 그들도 자기 나름대로 좋은 결과를 내세워 '다른 사람을 이유 없이 괴롭혀서는 안 된다'나 '다른 사람을 죽여서는 안 된다'는 규칙에 예외를 인정하기 시작한 것이다. 그들은 규칙에 예외를 두면 안 되고 나는 두어도 괜찮다고 누가 확실히 말할 수 있겠는가?

경향성은 우리의 타고난 기질이나 성향을 말한다. 불쌍한 사람을 보면 도저히 참지 못하는 경향성을 타고났다고 해보자. 그래서 불쌍한 할머니를 도왔다. '이게 뭐 칭찬받을 만한 일인가'라고 칸트는 생각한다. 생긴 대로 사는 건데 그게 무어 대단한 일인가? 자기가 (불가능하지는 않지만) 하기 힘든 일을 확고한 의무감을 가지고 했을 때 도덕적으로 칭찬받을 수 있다는 것이 칸트의 생각이다. 내가 불쌍함을 느끼는 경향성을 타고났다면 그것은 우연이다. 그 우연 때문에 사람들에게 항상 칭찬받는다면 그건 행운이기도 하다. 칸트에 따르면 이런 행운에 의해서 착한 인생과 나쁜 인생이 나뉜다는 것은 공평하지 못하다. 인상이 지저분해서 범죄자 배역만 단골로 맡는 배우가 있다. 인상은 타고난 것인데 그 인상 때문에 범죄자 역할만 맡는 것은 억울한 일이다. 마찬가지로 태어날 때부터 성격이 지저분해서 남을 괴롭히는 사람도 억울할 수 있다.

들어보니 칸트의 설명이 일리가 있다. 그래도 뭔가 찜찜하다. 조폭 출신인 용팔이는 지금은 손을 씻었지만 항상 누군가를 괴롭히고 싶은 충동에 사로잡힌다. 그러나 그때마다 유혹과 갈등의 번뇌를 극복하고 폭력을 쓰지 않는다. 반면에 용칠이는 한 번도 남을 때리고 싶다는 충동을 느낀 적이 없다. 항상 평화로운 상태에서 온화한 미소를 띠고 살고 있다. 누가 더 착한 사람인가? 물론 유혹을 극복하려고 피눈물 나게 노력하는 용팔이가 더 훌륭한 사람일 수도 있다. 그러나 우리가 모범으로 삼는 사람은 용칠이다. 그리고 용팔이도 손을 씻은 지 얼마 안 되는 지금이야 그런 충동에 사로잡히지만, 그 단계를 넘어서면 용칠이처럼 되지 않겠는가? 곧 용팔이보다는 용칠이가 도덕적으로 더 성숙한 단계다.

앞서 불쌍한 할머니를 돕는다는 이유 중에 '아무 생각없이'가 있었다. 이것은 아무런 정당화도 없는 것이므로 도덕 원리라고 볼 수 없다고 말했지만, 어쩌면 우리가 목표로 하는 도덕적인 삶은 이런 것인지도 모른다. 아무런 갈등이나 저항도 없이, 우리가 하는 자연스러운 행동 하나하나가 곧 도덕적인 행동이 되는 삶 말이다. 우리 선조들이 꿈꾸었던 신선의 경지가 바로 이런 것 아니겠는가? 순전히 의무 때문에 하는 선한 행동은 받는 사람도 뭔가 불편하고, 지속되리라는 신뢰감도 주지 못하는 것이 사실이다.

그리고 칸트가 경향성이라고 말한 것은 도덕적인 행동을 이끄

는 원동력이 된다. 측은지심惻隱之心은 불쌍하게 생각하는 마음이
다. 맹자孟子는 이것이 어짐仁의 시작이라고 말했다. 그는 《맹자》
에서 이렇게 말한다.

> 이제 사람들이 어린아이가 막 우물에 빠지는 것을 보면, 다 놀라
> 고 불쌍한 마음을 가진다. 이는 그 어린아이의 부모와 사귀려 함
> 도 아니며, 마을 사람들과 벗들에게 칭찬을 받기 위하여 그러는
> 까닭도 아니며, 그 원성을 듣기 싫어서 그렇게 하는 것도 아니다.
>
> 《맹자孟子》〈공손추公孫丑〉 편

맹자도 칸트처럼 사람들이 결과를 보고 착한 일을 해야 한다
고 생각하지 않았다(맹자에 관한 내용은 지식인마을 시리즈 중《유학
의 변신은 무죄 : 공자&맹자》를 참조하라). 그러나 그는 칸트가 도덕
과 무관하다고 생각한 불쌍한 마음이 착한 일을 하는 계기가 된
다고 주장했다. 불쌍한 마음뿐만 아니라 죄책감, 양심의 가책 등
의 감정이 도덕과 뗄려야 뗄 수 없는 관계에 있다고 생각하고,
그런 게 없으면 인정머리가 없다고 비난하는 게 우리의 상식이
다. 이런 감정들을 도덕에서 분리하면 도덕에서 아주 중요한 부
분을 무시하게 된다.

무조건적이고 보편적인 준칙

우리가 어떠한 행위를 할 때 따르는 지침을 칸트는 준칙maxim이

라고 불렀다. 아무 생각 없이 행동하는 사람은 그리 많지 않고 대부분 어떤 준칙에 따라 행동한다. 불쌍한 할머니의 짐을 들어 주면서 어떤 사람은 '불쌍하다는 생각이 들면 도움을 필요로 하는 사람을 도와주어야 한다'라는 준칙을 가지고 돕고, 어떤 사람은 '양심 냉장고를 받을 것 같으면 도움을 필요로 하는 사람을 도와주어야 한다'라는 준칙을 가지고 돕는다. 그러나 칸트는 이런 준칙은 받아들이지 않는다. 칸트에게는 '그렇게 하는 것이 의무이기 때문에 도움을 필요로 하는 사람을 도와야 한다'라는 준칙에 따라 행동하는 사람만이 진짜 도덕적인 사람이다.

칸트는 이 준칙이 무조건적이고 보편적이어야 한다고 말한다. 먼저 준칙이 무조건적이어야 한다는 것은 준칙에 어떤 조건이 붙으면 안 된다는 것이다. 가령 '거짓말을 하면 안 된다'가 우리가 지켜야 하는 명령이라면 무조건 거짓말을 하면 안 된다. '남한테 존경받고 싶으면 거짓말을 하면 안 된다'거나 '거짓말을 해도 되는 더 급박한 상황이 아니라면 거짓말을 하면 안 된다'처럼 조건이 붙으면 안 된다는 것이다. 칸트는 전문용어를 써서 무조건적인 명령은 정언명령, 조건이 붙은 명령은 가언명령이라고 불렀다. 칸트는 도덕법칙은 상황이나 결과가 어떠하든 항상 지켜야 하는 것이므로 가언명령이 아니라 정언명령의 형태를 띠어야 한다고 생각했다. 다른 예를 들면 '감옥에 가지 않으려면 사람을 죽여서는 안 된다'가 아니라 그냥 '사람을 죽여서는 안 된다'가 준칙이 되어야 한다.

정언명법 중에서 가장 기본적인 것은 "마치 당신의 행동 준칙이 자신의 의지에 의해 자연의 보편적 법칙인 것처럼 행위하라"

이다. 쉽게 말하면 나뿐만 아니라 모든 사람에게 적용되기를 원하는 준칙에 따라 행동하라는 것이다. 이 원리는 보편화의 원리라고 알려져있다. 준칙이 보편화 또는 일반화되어야 한다는 것은 그 준칙이 모든 사람들에게 적용되어야 한다는 뜻이다.

보편적 법칙이라면 나뿐만 아니라 모든 사람들에게 적용되는 준칙이어야 한다. 거꾸로 나만을 예외로 두어서도 안 된다. '항상 빈대를 붙어라'라는 준칙에 따라 사는 사람이 있다고 해보자. 이 준칙이 보편적이 법칙이 되려면 나뿐만 아니라 다른 사람에게도 적용해야 한다. 이 말은 다른 사람이 나에게 빈대 붙는 것을 허용해야 한다는 뜻이다. 그러나 모든 사람들이 이 준칙에 따라 살 수 있는가? 베푸는 사람이 적어도 한 명은 있어야 빈대 붙는 것이 가능한데 세상 사람 모두 빈대 붙으려고만 한다면 빈대 붙는 것은 성공하지 못한다. 따라서 '항상 빈대를 붙어라'라는 준칙은 정언명령의 형식은 갖추고 있지만 보편화 법칙이 되어야 한다는 칸트의 기준을 통과하지 못한다.

앞에서 도덕 원리가 되려면 정당화와 일반화가 가능해야 한다고 말했다. 거기서 말한 일반화가 보편화와 같은 의미다. 도덕 원리가 보편화되어야 한다거나 일반화되어야 한다는 생각은 칸트의 독창적인 생각은 아니고 여러 문화에서 파생된 것이다. '역지사지易地思之'란 처지를 바꾸어서 생각해본다는 뜻이다. 붐비는 지하철에서 옆에 있는 매력적인 여성의 엉덩이를 만지기 전에 상대방 입장에서 생각해본다. 누가 내 엉덩이를 만지면 나는 좋을까 싫을까? 저 여자가 나를 만지면 당연히 나는 기분이 좋겠지. 그러니까 나도 저 여자 엉덩이를 만져도 되지 않을까? 아니

지. 여자 입장에서 생각해봐야지. 내가 여자라면 모르는 남자가 내 엉덩이를 만지면 싫어하지 않을까? 그러니까 나도 저 여자의 엉덩이를 만지면 안 되겠구나. 이런 과정을 거치면 '매력적인 사람이 옆에 있으면 그 사람을 성추행해도 된다'라는 나만의 규칙은 보편화할 수 없다는 것을 알게 될 것이다. 크리스트교의 윤리관을 가장 잘 표현해주는 것이 황금률이다. 성경은 "남이 너희에게 해주기를 바라는 그대로 너희도 남에게 해주어라"(마태복음 7장 12절)라고 말하는데 황금처럼 고귀한 윤리의 지침이라고 해서 황금률이라고 한다. 이 황금률은 곧 역지사지의 정신이고 자신의 생각을 보편화, 일반화하는 것이다.

모든 사람에게 일관되게 적용되지 못한다면 그것은 도덕 원리라고 말할 수 없다.

나에게만 적용된다거나 나에게만 예외인 규칙은 도덕 규칙이 되지 못한다. 비슷한 상황이라면 그 사람이 누가 됐든 모든 사람에게 적용되어야 한다는 보편화의 원리는 칸트가 정식화하긴 했지만 여러 문화의 윤리를 지탱해주는 원리다.

의무론자의 딜레마

무조건적이고 보편화된 규칙(의무)을 강조하는 칸트는 대표적인 의무론자다. 의무론은 비교적 단호하고 분명하게 우리에게 도덕적 판단의 잣대를 제공해준다. 도덕의 문제는 결국 우리가 지켜야만 하는 의무를 아는 문제이고, 거짓말 금지나 살인 금지와 같은 도덕률은 비교적 분명하다.

그러나 의무를 강조하다보면 받아들이기 힘든 상황도 생긴다. 가장 문제되는 경우는 의무들끼리 충돌할 때 어느 의무가 우선인지 말해주지 못한다는 것이다. 앞에서 엔진톱을 빌린 경우를 예로 들었다. 빌린 엔진톱을 약속한 날짜에 돌려주지 않으면 '약속을 지켜야 한다'라는 의무를 어기게 된다. 그러나 제정신이 아닌 친구에게 엔진톱을 돌려주면 '무고한 사람들의 희생을 막아야 한다'라는 의무를 지키지 못하게 된다. 두 의무 중 어느 것을 먼저 지켜야 하는가? 칸트와 같은 의무론자들은 이것을 어떻게 설명할까?

미국에서 어떤 여성이 사랑하는 고양이를 목욕시킨 후 빨리 마르게 하려고 전자레인지에 넣고 작동시킨 일이 있었다. 이 여성은 좋은 의도로 또는 애완동물을 키우는 자신의 의무를 다하기 위해 이런 일을 했다. 의무론자들은 이 여성을 아주 착하다고 칭찬해야 한다. 그러나 어디 그런가? 나쁘다고는 안 하겠지만 어리석다는 비난이 쏟아질 것이다. "지옥으로 가는 길은 선의로 포장돼 있다"라는 영어 속담이 있다. 좋은 의도를 가지고 나쁜 일을 저지르는 경우가 많다는 뜻이다(착한 일을 하겠다고 마음만 먹고 그렇게 하지 못한다는 뜻으로 해석되기도 한다). 우리나라에서 어느 여자 탤런트가 일본군 위안부를 콘셉트로 누드 촬영을 하다가 여론의 호된 비난을 받은 적이 있다. 아마 그 탤런트는 단순히 돈을 벌 의도로 그러지는 않았을 것이다. 좋은 의도로 그런 일을 했지만 그 일이 미칠 파장을 계산하지 못하여 스캔들이 되고 말았다. 결과를 고려하지 않고 의무만 우선하는 의무론자들은 이렇게 의도는 좋지만 지성 또는 능력이 부족하여 저지르는, 현명하지 못한 일을 비난하지 못하게 된다.

최근 우리 사회는 성희롱에 대해 아주 민감해졌다. 그래서 예방 교육도 많이 이루어지고 있다. 이때 문제되는 것은 성희롱의 판단 기준이다. 일반적으로 성희롱인가 아닌가는 가해자가 성희롱의 의도가 있었는가 없는가로 판정하는 것이 아니라 피해자가 성적 수치심이나 혐오감을 느꼈는가 느끼지 않았는가를 가지고 판정한다. 그리고 그 판정은 사회 통념상 합리적인 사람의 입장에서 한다. 따라서 엉덩이를 만지면 좋아할 줄 알았다고 말한다고 해서 성희롱이 아닌 것은 아니다. 아마 변명이 아니라 정말로 잘못 판단하여 성희롱적인 행동이나 발언을 하는 사람도 있을 것이다. 그런 무지로 인한 행동이었다고 해서 잘못을 용서 받는 것은 아니다. 앞의 사례처럼 이 경우에도 의도보다는 결과가 중요하게 작용한다.

한편 강한 의무감은 도덕적 광신으로 나아갈 수 있다. 이 점은 이 책에서 주제적으로 다룰 철학자 피터 싱어Peter Singer, 1946~가 그의 책 《이렇게 살아가도 괜찮은가How Are We to Live?》(1993)에서 지적한 점인데, 유대인 학살을 주재했던 아돌프 아이히만Adolf Eichmann, 1906~1962은 재판에

● **아돌프 아이히만**

아돌프 아이히만은 나치의 유대인 학살의 실무 책임자였다. 그는 아르헨티나에 숨어 지내다 1960년에 이스라엘 비밀경찰에 체포돼 예루살렘으로 압송되어 재판을 받게 되었다. 그러자 독일 출신의 미국 정치철학자인 한나 아렌트Hanna Arendt, 1906~1975는 대학 강의를 중단하고 이스라엘로 가서 그의 재판을 취재하였다. 그 내용은 《예루살렘의 아이히만: 악의 평범성에 대한 보고서》란 제목의 책으로 나왔는데, 거기서 아이히만은 "명령받은 일을 하지 않았다면 양심의 가책을 느꼈을 것이지만 명령받은 일을 이행하는 것을 의무라고 느꼈다"고 말하고 있다.

서 "나는 전 생애를 칸트의 도덕 규율에 맞추어 살아왔으며, 특히 의무에 대한 칸트의 정의에 따라 행동했다"고 강한 어조로 말했다고 한다. 아이히만도 인간인지라 가스실로 가는 유대인들을 보고 동정심을 느꼈다고 한다. 그러나 그는 동정심 때문에 의무를 그르쳐서는 안 된다고 믿었기 때문에 규칙을 어기고 유대인을 돕기보다는 자신의 의무에 충실했다고 한다. 싱어는 칸트의 윤리학이 제대로 이해되었는데도 대량 학살을 낳았다고 말하는 것은 아니다. 의무를 행할 때에만 도덕적 가치가 생긴다고 강조하다보면 인간의 자연스러운 본능을 억압하게 된다는 것이다. 그러면 인간은 무시무시한 행동을 감행하면서도 자신의 행동에 죄책감을 느끼지 않게 된다. 이래저래 칸트가 욕본다.

결과가 좋아야…

　결과론은 행위하는 사람의 의도가 아니라 결과에 따라 그 행위가 옳은지 그른지 판단하는 도덕 원리다. 지금까지 의무론자, 특히 칸트를 애먹이던 상황이 결과론으로는 잘 설명된다. 결과론에서는 선의의 거짓말이 용납된다. 거짓말 한 마디로 수십 명, 더 나아가서 수천 명의 목숨을 살릴 수 있다면 거짓말은 적극적으로 권장되어야 하고, 반대로 그런 경우에 거짓말하지 않는 사람은 도덕적으로 비난받아야 한다. 거짓말 정도가 아니라 내가 히틀러를 죽일 수 있는 절호의 기회가 왔는데도 죽이지 않는 것은 나쁜 행동이 된다. 죽지 않은 히틀러는 죄 없는 수많은 사람들을 죽일 것이므로 결과적으로 히틀러를 죽이지 않은 행동이 수많은 사람들을 죽이는 것이나 매한가지이기 때문이다. 그런 가상의 상황이 아니더라도 영화 〈라이언 일병 구하기Saving Private Ryan〉(1998)를 보면 통역병인 업햄 상병은 적군 포로를 다시는 전투에 나오지 말라며 살려주는데 그 적군이 다시 전투에 나와서 결국에는 동료들을 죽이게 된다. 업햄은 살려준 포로를 다시 만났을 때도 죽일 수 있었지만 그냥 보내는데 그런 행위들이 더 큰 불행을 낳게 된다.

결과론자들에게는 어떤 상황에서 의무 또는 규칙을 지키는 것보다는 그 상황에서 이런 행동을 했을 때 어떤 결과가 나오는지를 살펴봐서 더 좋은 결과를 낳는 행동을 하는 것이 옳다고 생각한다.

이기주의자는 자기밖에 모르는가?

이때 결과는 누구에게 좋은 결과일까? 나에게? 또는 나에게만? 우리는 이기주의자라고 하면 자기만 아는 나쁜 사람으로 인식한다. 맞는 말이다. 놀부나 조폭의 생활철학처럼 남은 배려하지 않고 자기 이익만 챙기는 것은 도덕 원리 자체가 될 수 없음을 이미 살펴보았다. 이기적인 사람은 보통 비윤리적인 사람으로 간주된다. 그러나 도덕 원리로서 가능한 이기주의도 있다. '내 것은 내 것, 네 것은 네 것'이라는 원칙이 그것이다. 나도 내 이익을 챙길 테니 너도 네 이익을 챙기라고 생각하는 이기주의는 얼마든지 보편화할 수 있다. 이런 이기주의를 놀부 심보와 같은 이기주의와 구별하기 위해 보편적 이기주의라고 부른다.

사람들이 추구하는 자기 이익은 대체로 비슷하다. 자신의 소질을 계발하기 위해서 공부를 하거나 일을 하고, 아플 때는 치료를 받기 위해서 병원에 간다. 자기 이익이라고 해서 꼭 돈만 가리키는 것은 아니다. 명예, 행복, 웰빙 등도 가리킨다. 사람들은 자신의 이익을 위해 최선을 다하는 것이 결국은 사회의 발전을 가져온다고 믿고 있다. 그렇다면 보편적 이기주의는 그럴듯한 도덕 원리가 될 수도 있을 것 같다. 이런 이기주의자들이 남을 전혀 돕지 않고 자기 일만 하는 것도 아니다. 다른 사람을 돕는 것이 물질적이든 정신적이든 자기한테 이익이 된다고 생각하면 얼마든지 돕는다.

그러나 사람들이 모두 자기 이익을 최대화한다는 것은 불가능하다. 세상에는 윈윈 게임win-win game처럼 참여하는 모든 사람에게 다 이익이 돌아가는 일만 있는 것이 아니기 때문이다. 당장 우리나라의 대학입시를 생각해보라. 우리는 친구들에게 "공부 열심히 해"라고 말한다. 내가 공부를 열심히 해서 원하는 대학에 입

🏺 이기주의자 추장

이현주 목사의 《신학강의》란 책에 보면 다음과 같은 이야기가 나온다. 어떤 선교사가 아프리카의 원주민들한테 "선은 좋은 것이고, 악은 나쁜 것이오"하고 말하니, 추장이 웃으면서 "선은 내가 다른 남자의 마누라를 빼앗아 오는 거고, 악은 다른 남자가 내 마누라를 빼앗아 가는 것이군 그래!"라고 했단다. 이 추장은 놀부 심보와 같은 이기주의자다. 그런데 그 '다른 남자'는 추장이 자신의 마누라를 빼앗아 간 행위를 악으로 생각할 것이다. 그러므로 똑같은 행위가 추장에게는 선이, 그 '다른 사람'에게는 악이 되는 모순이 발생한다. 현명한 보편적 이기주의자라면 어떻게 생각할까? '내가 저 사람의 마누라를 빼앗아 오면 나에게 이익이 되긴 하지만 그러면 저 사람과 싸움이 나게 되고 그것은 결국 나에게 이익이 아니다. 그러니 저 사람과 타협을 하거나 포기를 해야겠다'라고 생각하지 않을까?

학하는 것이 나의 이익인 것처럼 그 친구도 열심히 공부해서 원하는 대학에 입학하라고 충고할 수 있다. 참된 보편적 이기주의자라면 남은 어떻게 하든 상관없이 나만 열심히 공부하는 것이 아니라, 다들 열심히 공부해야 한다고 말해야 한다. 그러나 친구가 정말 공부를 열심히 하면 어떻게 되는가? 원하는 대학의 정원이 단 한 명뿐이라면? 친구가 공부를 열심히 안 해서 떨어지는 것이 나에게는 이익이다. 그 친구 입장에서도 내가 열심히 공부를 안 해서 떨어지는 것이 이익이다. 어떻게 우리 모두가 자기이익을 위해 살아야 한다는 원칙을 유지할 수 있는가? 나와 내친구만 원하는 대학에 입학하면 된다고? 그것은 약간 확장된 놀부 심보이지 진정한 보편적 이기주의는 아니다. 보편적 이기주의는 모든 사람에게 보편화되어야 하므로 원하는 대학에 갈 수 있도록 열심히 공부하라는 원칙을 모든 수험생들에게 적용할 수 있어야 한다. 그러나 현실에서는, 특히 친구를 짓밟고 적으로 만드는 입시 현실에서 그것은 가능하지 않다.

그렇다면 대학 입학을 담당하는 사람은 누구의 이익을 위해서 행동하는가? 우리는 그에게 공평함을 요구할 것이고, 그는 어느 누구의 이익을 위해서도 일하지 않을 것이다. 자신의 이익을 위해서? 글쎄, 그가 공정하게 일을 하면 그 결과 자신에게 이익이 돌아가긴 할 것이다. 하지만 결국 그는 공공의 이익을 위해 일한다고 봐야 하지 않을까?

나를 포함한 공공의 이익 : 공리주의

　이기주의자가 자기 이익을 위해 사는 사람이라면 이타주의자는 남의 이익을 위해 사는 사람이다. 무슨 일을 하든 이 일이 다른 사람에게 이익이 되는지를 따질 것이다. 이런 사람들은 분명 천사 같은 사람들이고, 사람들에게도 칭송받을 것이다. 그리고 이들은 다른 사람들이 어떻게 살든 묵묵하게 이타주의자로 살아간다. 그러나 도덕 원리로서 이타주의는 나도 이타주의자로 살려고 하니 당신도 이타주의자로 살아야 한다고 권할 수 있어야 한다. 과연 모든 사람이 이타주의자가 될 수 있는가? 1970년대 인기 있었던 TV 광고 중 "형님 먼저 드시오. ○○라면. 아우 먼저 들게나. ○○라면."하는 광고가 있었다. 형과 아우가 "형님 먼저, 아우 먼저"라고 라면을 서로 양보한다. 이타주의자들끼리만 살게 되면 이렇게 계속 양보만 할 것이고 결국 아무도 라면을 못 먹게 된다. 받는 사람이 있어야 주는 사람도 있을 것 아닌가? 이타주의는 보편화될 수 없다. 그래서 보편화할 수 있는 그럴듯한 이타주의는 남의 이익뿐만 아니라 나의 이익도 고려해야 한다. 어떤 행동이 옳은지 그른지 결정할 때 나를 포함한 우리 모두의 이익, 곧 공공의 이익을 검토해야 한다는 주장이 바로 공리주의^{utilitarianism}다.

　공리주의는 가장 대표적인 결과론이다. 공리주의자들은 인간 행동의 목적은 행복의 증진에 있다고 생각한다. 그런데 누구의 행복? 이기주의자처럼 나만의 행복도 아니고 이타주의자처럼 다른 사람만의 행복도 아니다. 나를 포함한 우리 모두의 행복의 양을 극대화하는 행동을 해야 한다. 행복은 좋은 것이다. 돈이 많은 것이 행복인지 아프지 않고 사는 것이 행복인지는 사람마다 다르겠지만, 어쨌든 행복은 모든 사람들이 추구하는 것이다. 심지어 남에게 맞아야 행복한 마조히스트도 나름대로의 행복을 추구한다. 행복은 어쨌든 좋은 것이다.

이 좋은 행복을 나만 누리면 되겠는가? 나를 포함해서 더 많은 사람이 누려야 하지 않겠는가? 공리주의의 주장은 명쾌하다. 나를 포함해서 모든 사람이 행복을 누릴 수 있는 행동이 옳으며, 우리는 그런 행동을 해야만 한다. 이때 '모든 사람'에는 내가 아는 사람만이 포함되지는 않는다.

행복이 좋은 것이라면 그것은 우리 가족, 우리 동네 사람뿐만 아니라 내가 속한 사회 전체, 나아가 모든 인류가 누릴 수 있어야 한다(나중에 살펴보겠지만, 그 외연은 전 인류를 넘어 모든 생명체로까지 확대된다). 그리고 그 행복이 누구의 것이냐는 중요하지 않다. 많이 배운 사람이든 조금 배운 사람이든 여자든 남자든 피부색이 하얗든 검든 똑같이 배 부르고 등 따스우면 행복하다. 나의 행복이라고 해서 또는 나의 가족 또는 친지의 행복이라고 해서 모르는 사람의 행복보다 더 우위에 두어서도 안 된다. 그래서 공리주의의 창시자인 제러미 벤담 Jeremy Bentham, 1748~1832은 이렇게 말했다. "모든 사람은 하나로 계산되며 어느 누구도 하나 이상으로 계산되지 않는다."

나만 행복하게 되는 경우와 나를 포함해서 더 많은 사람이 행복하게 되는 경우 중 하나를 선택해야 한다면 공리주의자는 당연히 후자를 선택할 것이다. 나를 포함한 사람들의 행복보다 나와 생면부지의 사람들의 행복이 더 크다면 공리주의자는 그쪽을 선택해야 한다.

벤담은 이런 공리주의의 입장을 '최대 다수의 최대 행복the greatest happiness for the greatest number'이라는 말로 정식화했다. 그는 이것을 '최대 행복의 원리' 또는 '공리의 원리the principle of utility'라고 부른다. 그는 《도덕과 입법의 원리 서설Introduction to the Principles of Morals and Legislation》(1789)에서 공리의 원리에 대해 다음과 같이 말한다.

> 이해 관계가 걸려 있는 당사자의 행복을 증가시키거나 감소시키는 (또는 촉진시키거나 억누르는) 경향에 따라 모든 각각의 행위를 승인하거나 부인하는 원리를 의미한다. 또한 여기에서 내가 말하는 모든 각각의 행위란 개인의 사적인 모든 행위뿐 아니라 정부의 모든 법령의 작용까지를 포함하는 것이다.

벤담을 계승한 존 스튜어트 밀John Stuart Mill, 1806~1873도 비슷한 요지의 말을 한다.

> 옳은 행위의 공리주의적 기준을 성립시키는 행복은, 행위자 자신의 행복이 아니라 관련된 사람 모두의 행복이다. 그 자신의 행복과 다른 행복을 놓고서, 공리주의는 행위자로 하여금 공평무사한 선의의 관망자로서 엄격히 불편부당해지기를 요구한다.
>
> 《공리주의 Utilitarianism》 2장

최대 다수의 최대 행복이라고 해서 최대 다수만을 고려해야

벤담의 뒤를 이은 존 스튜어트 밀은 소수자의 이익도 고려해야 한다고 말했다.

한다고 오해할 수 있다. 마치 다수결의 원리처럼. 그런데 다수결의 원리에서는 단순히 사람들의 수에 따라서 결정을 내리지만 공리주의에서는 각 사람들의 선호하는 정도까지 고려한다. 그러므로 다수결의 원리에서 문제되는 소수 억압이 발생하지 않고 발생한다고 하더라도 심각하지 않을 수 있다. 실제로 밀의 《자유론On Liberty》(1859)은 소수자 억압에 반대한 대표적인 책이다. 최대 다수의 최대 행복을 말하는 공리주의자들의 의도는 행동의 영향을 받는 모든 사람의 이익을 고려하여 그 이익을 극대화할 수 있는 행동이 옳다는 것이다. 물론 대부분의 경우 어떤 행동으로부터 영향을 받는 사람들은 아주 소수다. 미국 대통령 정도는 되어야 그 결정에 온누리 사람들이 다 영향을 받지, 평범한 사람들의 행동으로부터 영향을 받는 이익이 얼마나 되겠는가? 그러나 공리주의자들에 따르면 우리는 최대한 많은 사람들의 이익을 고려해야 한다.

나중에 말하겠지만 행복의 양을 계산한다는 것은 무척 어려운 일이다. 그래도 행복의 양을 계산해서 수치화할 수 있다고 가정해보자. 일본 경찰이 나에게 독립군이 어디 있는지 물었다. 사실대로 말해야 하는지 거짓말을 해야 하는지 고민을 한다. 공리주의에서는 이럴 때 그 행동의 결과로 나올 행복의 양을 계산해보라고 한다. 행복의 양이라고 해서 꼭 즐거움 또는 쾌락만 계산하는 것은 아니다. 불행도 함께 계산해야 한다. 한 행동에서 행복과 불행이 동시에 생긴다면 그것들의 손익계산서를 짜서, 곧 행복의 양에서 불행의 양을 빼고 남은 양을 고려해야 한다. 일본 경찰에게 독립군이 어디 있는지 모른다고 거짓말을 하면 여러 명의 독립군이 목숨을 유지할 수 있다. 목숨과 관련된 것이니 행복 지수는 어마어마하게 높다. 물론 불행도 있긴 있다. 독립군을 못 찾은 일본 경찰에게는 불행이겠지만 그 불행은 독립군의 목숨이 주는 행복과 비교가 안 된다. 반면에 사실대로 독립군의 소재를 알려주면 독립군은 체포되어 고문을 당하거나 죽임을 당한다. 엄청난 불행이 뒤따른다. 이렇게 행복의 양을 계산해보았을 때 이 상황에서는 거짓말을 하는 것이 옳은 일이다. 그러므로 그런 상황에서는 거짓말을 하는 것이 의무라는 결론이 내려진다.

功利主義인가? 公利主義인가?

현재 우리나라의 주요 국어사전에는 공리주의를 한자로 功利主義라고 표기하고 있다. 그런데 일부 철학자들은 公利主義라는 표기를 선호한다. 한글 세대에게는 어느 쪽을 쓰든 상관없는 문제지만 공리주의의 이해와 관련되어 있으므로 어느 쪽이 맞을지 생각해보자. 功利主義에서 '功'자가 '힘을 쓰다'라는 동사로 해석된다면 公利主義가 utilitarianism의 좀 더 적합한 번역어인 것 같다. 이익을 힘써 얻는다고 하면 그 이익이 누구의 이익인지가 분명하지 않기 때문이다. 공리주의에서는 그 이익이 공공의 이익이라는 것이 아주 중요한데 말이다. 반면에 '功'자가 '공적(功績)'이라는 명사로 해석된다면 功利主義도 그럴듯한 번역어인 것 같다. 공적은 유용성, 효율성의 뜻이고 영어로는 utility이기 때문이다.

　어쩌면 황우석 박사의 지지자들도 이런 공리주의적 계산을 했는지 모른다. 황우석 박사가 저지른 논문 조작과 거짓말은 그의 연구가 가져올 '33조 원'이라는 부가가치에 비해 미미하다고 말이다. 그러나 그 부가가치라는 것이 환상에 지나지 않음이 드러났고 과학 연구에서의 조작과 거짓말은 치명적인 것임을 생각할 때 공리주의적으로 계산해도 그 손실은 어마어마하다.

　개인의 행동뿐만 아니라 공적인 정책을 결정할 때도 공리주의 계산법은 유용하게 쓰인다. 이런 점에서 공리주의는 단순히 도덕 원리가 아니라 유력한 정치 또는 행정 이론이다. 예산은 한정되어 있다. 이 예산을 어떻게 쓸지 결정할 때 국민들의 행복의 양을 가장 많이 늘리는 정책을 결정한다. 수백억 원의 국민 세금을 들여 쓰레기장을 녹지로 바꾸었다. 이 녹지를 어떻게 활용할까 고민한다. 골프장으로 만들면 하루 240명의 골퍼들만 이용할 수 있다. 하지만 시민 공원으로 만들면 하루 수만 명의 사람이 이용할 수 있다. 골프를 치는 즐거움이 아무리 커도 240명의 즐거움은 수만 명의 즐거움을 넘지 못할 것이다. 어느 쪽을 선택해야 하는지 분명해진다(그런데도 골프장을 만드는 걸 보면 아마 정부에서는 그 240명에 가중치를 두어 계산하나 보다).

행복의 계산

　공리주의는 아주 간단명료하고 그래서 매력적인 윤리 이론인 것처럼 보인다. 의무론처럼 지키기 힘든 상황에서도 규칙을 지켜야 한다고 강요하지 않고 상황에 따라 이익의 결과를 계산하면 되니 센스와 융통성이 있는 이론인 것 같다. 그러나 그렇게 간단하지가 않다. 이익의 계산이 그리 만만한 일이 아니기 때문이다. 남을 괴롭혀 즐거움을 얻는 사디스트가 마조히스트를 만나면 금상첨화겠지만, 평범한 사람을 만났다고 해보자. 사디스트가 때려서 얻는 행복과 평범한 사람이 맞아서 생기는 고통 중 어느 쪽이 더 큰가? 화창한 날 도서관에서 공부하고 있다. 밖을 보니 친구는 애인과 데이트를 하고 있다. 누구의 행복이 더 클까? 뽕짝을 좋아하는 엄마의 즐거움보다 클래식을 좋아하는 나의 즐거움이 더 클까? 확실하게 대답할 수 있는 게 하나도 없다.

벤담은 행복은 즐거움이 있고 고통이 없는 상태라고 말했다. 그는 즐거움이 원리적으로 계산 가능하다고 생각했다. 그래서 여러 즐거움들을 비교해서 계산하는 방법을 제시한다. 그가 제시한 일곱 가지 기준은 다음과 같다.

강도	얼마나 강한가?
지속성	얼마나 오래 지속되는가
확실성	일어날 가능성이 얼마나 높은가?
근접성	얼마나 가까운 장래에 일어나는가?
다산성	또 다른 즐거움을 낳을 수 있는가?
순수성	고통은 배제할 수 있는가?
범위	영향 받는 사람의 수

신기하지 않는가? 즐거움의 양을 이렇게 계산할 수 있다는 것

이. 날씨 좋은 날, 도서관에서 공부를 할 것인지 밖에 나가서 데이트를 할 것인지 고민한다고 해보자. 공부하는 것은 대체로 지겨운 일이다. 특히 날씨 좋은 날에는 더 그렇다. 데이트의 즐거움은 강도, 확실성, 근접성에서 공부하는 것보다 확실히 높은 점수를 얻을 것 같다. 그런데도 몇몇 학생들은 도서관에 처박혀 공부를 한다. 공부 자체를 즐거워하는 이도 있겠지만, 대부분의 학생들은 '인내는 쓰지만 그 열매는 달다'라는 말을 책상머리에 붙여놓고 현재의 고통을 참는다. 지금 현재의 유혹을 참고 열심히 공부해서 원하는 대학에 들어가고 원하는 직업을 갖게 되면 비교할 수 없는 즐거움이 보장된다고 생각한다. 그때는 데이트뿐만 아니라 하고 싶은 것들을 마음대로 할 수 있다. 사회적으로 유능한 사람이 되면 보람도 느끼고 존경도 받는다. 게다가 그런 즐거움은 한순간으로 끝나는 것이 아니라 평생을 간다. 공부하는 것이 지금 나가서 데이트하는 것보다 강도, 확실성, 근접성에서는 떨어질지 모르지만, 지속성, 다산성, 범위에서는 훨씬 높은

쾌락과 즐거움

1993년 공리주의를 소개하면서 pleasure를 흔히 '쾌락'이라고 번역하는데 그러다 보니 사람들이 공리주의는 원초적이고 말초적인 기쁨만 좇는 이론으로 오해한다. pleasure는 정신적, 육체적 쾌락 모두를 가리킨다. 그래서 이 책에서는 '쾌락'이라는 말 대신에 '즐거움'이라는 말을 쓰겠다. 단 '쾌락주의'는 '즐거움주의'라고 하면 좀 이상하므로 그냥 '쾌락주의'라고 하겠다. 그러나 영어의 pleasure에도 육체적인 쾌락의 뜻이 강한 것 같다. 그래서 공리주의는 pleasure를 추구한다는 점에서 벤담 당시에도 '돼지의 철학'이란 비판을 받았다.

점수를 얻는다. 몇몇 사람들은 알게 모르게 이런 계산을 하고서 지겨운 공부를 한다. 그리고 이 상황에서는 노는 것보다는 공부하는 것이 옳은 일이라고 생각한다.

그러나 그 계산이 꼭 맞는다는 보장이 있을까? "손에 든 한 마리의 새가 덤불 속의 두 마리보다 값지다"라는 영어 속담처럼 현재의 즐거움은 미래에 생길 즐거움보다 확실하다. 지금 데이트 대신에 공부를 한다고 해서 미래에 즐거움이 확실하게 보장되는 것은 아니다. 미래의 즐거움을 위해 청춘을 바친 고시생들을 보라. 더구나 사법고시에 합격하여 판검사가 된다고 해서 평범하게 사는 것보다 꼭 즐거운 일이라고 할 수 있는가?

공리주의자는 행위의 결과를 계산할 때 관련되는 모든 사람에게 미칠 영향까지 계산해야 한다. 이건 더 어려운 문제다. 말 안 듣는 아이를 체벌했다고 해보자. 체벌 결과 그 아이가 말을 잘 듣게 되었다면 체벌은 옳은 일이다. 그러나 그 체벌이 몇 년 또는 수십 년 후에 낳을 장기적인 결과까지 계산해야 한다면 그 계산은 불가능하다. 그 아이는 어릴 때 맞은 기억 때문에 자라서 난폭한 사람이 될지도 모른다. 극단적인 경우 히틀러 같은 사람이 되어 수백만 명의 사람들에게 끔찍한 일을 저지를지도 모른다. 이런 가능성까지도 계산해야 하는가?

계산의 어려움이 있긴 하지만 이왕 나왔으니 날씨 좋은 날, 도서관에서 공부를 할 것인지 밖에 나가서 데이트를 할 것인지 각자 계산을 해 보자. 각 항목은 10점 만점이다. 과연 어느 쪽이 더 높은 점수가 나올 것인가?

	도서관에서 공부하기	밖에 나가서 데이트하기
강도		
지속성		
확실성		
근접성		
다산성		
순수성		
범위		
계		

행복의 양과 질

  벤담이 즐거움의 양을 중요하게 생각했다는 것은 다음 구절에서 확인할 수 있다.

> 편견 없이 보면, 푸시핀 게임의 가치는 음악 감상과 시 낭송의 가치와 똑같다. 푸시핀 게임이 주는 즐거움이 더 크다면, 음악 감상과 시 낭송보다 더 가치가 있다.
>
> 《보상의 기준 The Rationale of Reward》(1825)

  푸시핀은 핀을 던져서 목표물에 박히게 하는 게임이다. 벤담은 즐거움을 산출하는 것이 푸시핀 게임이든 음악 감상이든 상관없이 산출된 즐거움의 양을 계산해야 한다고 생각한다. 그리고 같은 생각의 선상에서 그 즐거움을 만들어낸 주체가 누구인가도 상관없다고 주장한다. 똑같은 양의 즐거움이라면 그리고 똑같은 양의 고통이라면 그것이 내 가족의 것이든 모르는 사람의 것이든 다른 민족의 것이든 똑같이 취급해야 한다. 벤담은 더 나아가 그 즐거움이나 고통이 동물의 것이어도 똑같이 취급해야 한다고 한다. 이 점은 앞으로 이 책에서 중요하게 다룰 것이다.

벤담이 공리주의의 창시자라면 밀은 그 계승자다. 밀은 벤담에게서 공리주의의 기본 원리를 받아들이지만 즐거움의 양을 강조하는 것은 세련되지 못하다고 생각한다. 어떻게 한갓 게임의 즐거움을 음악 감상의 즐거움과 비교할 수 있는가? 내 피를 빨아먹는 모기의 즐거움이 아무리 크고 물리는 나의 따끔함은 사소한 것이라고 해도 어떻게 그 둘을 비교할 수 있는가? 즐거움의 양보다는 질을 계산해야 한다는 것이 밀의 생각이다. 그는 즐거움을 고급의 즐거움과 저급의 즐거움으로 나눈다. 대체로 정신적 즐거움이 고급의 즐거움이고 육체적 즐거움은 저급의 즐거움이다. 정신적 즐거움이 육체적 즐거움보다 더 고급인 이유는 더 고상하기 때문이 아니다. 밀은 그 두 가지를 다 경험해본 사람이라면 정신적 즐거움을 더 선호할 것이므로 그것이 질적으로 더 나은 즐거움이라고 생각한다. 그래서 밀은 다음과 같은 유명한 말을 한다.

만족스러운 돼지보다 불만족스러운 인간이 더 낫고 만족스러운 바보보다 불만족스러운 소크라테스가 더 낫다.

《공리주의》

돼지의 가장 큰 즐거움은 뭐니뭐니해도 배부르게 먹는 것이다. 그러나 돼지는 배부른 즐거움밖에 모른다. 그러나 소크라테스는 배부름뿐만 아니라 다른 종류의 즐거움, 예컨대 철학을 공부하는 즐거움을 경험해보았다. 그리고 그에게 그 둘 중 어느 한쪽을 선택하라고 한다면 철학을 공부하는 즐거움을 선택할 것이다. 그러므로 그의 선택은 현명할 것이고, 철학을 공부하는 즐거움이 배부른 즐거움보다 훨씬 더 질이 높은 것이다(그래서 위의 밀의 말은 보통 "배부른 돼지보다 배고픈 소크라테스가 더 낫다"라고 알려져 있다).

흔히 벤담의 공리주의를 양적 공리주의, 밀의 공리주의는 질적 공리주의라고 부른다. 하지만 밀의 주장처럼 고급과 저급의 즐거움을 모두 경험해본 사람이 고급의 즐거움을 더 선호한다면 그쪽의 즐거움의 양이 더 많기 때문이라고 볼 수도 있다. 따라서 밀의 주장을 즐거움의 양을 계산할 때 질도 고려하라는 말로 해석할 수도 있겠다. 사실 고급의 즐거움이라고 하는 것은 그것을 즐기기 위해서 오랫동안 훈련이 필요한 것들이다. 가령 뽕짝은 누구나 즐길 수 있지만, 초보자에게 클래식은 괴로움만 줄 뿐이다. 클래식을 즐기기 위해서는 오랜 기간의 훈련이 필요하다. 이러니 클래식이 뽕짝보다 더 고급의 즐거움이라고 생각하지 않겠는가?

각종 즐거움을 모두 경험해본 사람만이 즐거움의 질을 평가할 수 있다는 주장은 엘리트주의처럼 들린다. 이것은 모든 것을 알고 경험해본 사람만이 올바른 판단을 내릴 수 있고 나머지 사람들은 그 판단에 따라야 한다는 생각이다. 그러나 그들의 판단이 꼭 옳은가? 그들이 정말로 질적인 즐거움을 더 선호하는가? 그럴 수도 있겠지만, 선호한다는 것은 그것을 자주 선택한다는 것이지 반드시 그것이 옳다는 것은 아니지 않은가? 그리고 그들도 상황에 따라서 육체적인 즐거움을 선호하지 않는가?

더 심각한 문제는 과연 소크라테스가 돼지가 된다는 것이 또는 바보가 된다는 것이 어떤 것인지 실제로 안다고 말할 수 있는가에 있다. 그는 자신의 입장에서 그런 것을 추측해볼 뿐이지 정말로 돼지 또는 바보가 돼본 적은 없지 않은가? 소크라테스는 철학하는 즐거움을 누리며 살았겠지만 자신의 이상으로 생각하는 바가 이루어지지 않아서 생기는 괴로움도 컸을 것이다. 그러나 바보는 오히려 사소한 일에도 항상 기뻐하면서 살 것이다. 그 둘을 비교하는 것이 가능한가? 비교가 가능하다고 하더라도 즐거움을 계산한다는 공리주의의 정신에서 보자면 만족스러운 돼지나 바보가 더 행복할 수도 있지 않을까? 이런 점에서 벤담의 양적 공리주의가 밀의 질적 공리주의보다 공리주의의 정신에 더 충실한 것 같다.

정의롭지 못한 공리주의?

공리주의의 문제는 즐거움의 계산이 현실적으로 어렵다는 것만이 아니다. 우선 공리주의는 정의롭지 못한 이론이라는 심각한 비판에 직면한다. 다시 말해서 공리주의는 우리가 직관적으로 봤을 때 부도덕한 상황을 허용하게 된다. 예를 들어보자. 1장

초대 부분에 나왔던 에이리언이 또 다시 지구를 침략했다고 해 보자. 이 에이리언들은 지구인을 식량으로 삼는다. 그들은 이번 에는 지구인들을 마구잡이로 잡아먹는 대신 건강한 성인 남자 한 명과 성인 여자 열 명을 원한다. 그들을 사육하여 두고두고 식량으로 삼으려고 하는 것이다. 일종의 공물이고 희생양이다. 그들은 요구 조건을 들어주지 않으면 인간을 닥치는 대로 잡아 먹을 태세다. 이때 그들의 요구를 들어줘야 하는가? 아니면 무 시하고 무자비한 살육을 감수해야 하는가? 공리주의자들은 얼 마나 많은 사람이 잡아먹힐지 알 수 없는 상황에서 열한 명만 희 생하면 다른 사람들의 행복은 계속될 것이므로 그들의 요구를 받아들여야 한다고 생각할 것이다. 그리고 아마도 공물로 바칠 사람들을 선정할 방법까지 가장 공리적인 방법으로 계산하여 제 시할 수 있을 것이다. 곧 사고무친인 사람들이나 어차피 죽을 사 형수 중에서 선발한다면 인류 전체에게 닥칠 고통이 가장 적을 것이라고 말할 것이다. 그러나 공리주의자들의 선택은 그럴듯한 해결책 같지만 왠지 잔인하다. 고아라고 해서 살 권리, 자신의 인생을 선택할 권리가 없는가? 사형수라고 해서 법률에 의하지 않고 처벌받아도 괜찮단 말인가? 의무론자들은 에이리언의 만 행은 일종의 천재지변이므로 어쩔 수 없지만 아무리 공익을 위 해서라도 도덕적 의무와 개인의 인권을 무시하는 것은 받아들일 수 없는 선택이라고 공리주의자의 선택을 비판할 것이다. 아무 리 많은 사람들의 목숨을 구하는 결과가 생긴다고 할지라도 무 고한 사람을 죽이는 것은 무고한 사람을 죽여서는 안 된다는 도 덕 규칙에 위배되기 때문이다.

이번에는 다른 예를 보자. 어느 나라에서 살인 혐의를 받고 있는 죄수가 사실은 무고한 것으로 밝혀졌다. 그런데도 그 죄수를 사형에 처하는 것이 또 다른 범죄 예방이나 국민의 단합을 위해 도움이 된다고 해보자. 그것도 공개 처형하는 것이 효과가 훨씬 크다면, 공리주의에 따랐을 때는 무고한 사람이라도 공개 처형을 하는 것이 국가 전체로 봐서 훨씬 이익이다. 그 개인이 희생당하지 않을 때보다 희생당할 때 사회 전체가 얻는 행복은 훨씬 크고, 그 행복에 비한다면 개인의 희생이 주는 고통은 아주 사소하기 때문이다. 그러나 의무론자라면 당연히 공개 처형에 반대할 것이다. 그런 행위는 무고한 사람을 죽여서는 안 된다는 규칙에 어긋나고 각 개인이 가지고 있는 살 권리를 침해하는 것이기 때문이다. 그리고 앞의 사례와 달리 이번에는 많은 사람들의 직관도 무고한 사람의 처형에 반대할 것이다.

공리주의적 계산으로는 받아들여야 하는데, 우리의 도덕적인 직관과는 어긋나는 사례는 이것들 외에도 많이 들 수 있다. 물론 공리주의자 입장에서는 우리의 직관이 잘못되었다고 주장할 수 있다. 지구는 평평하고 태양이 지구 주위를 돈다는 것이 우리의 직관이었지만 그 직관은 틀린 것으로 드러나지 않았는가? 우리의 직관과 상식은 믿을 만한 것이 못 되고, 따라서 공리주의가 지지하는 상황이 우리의 상식적인 도덕과 다르다고 해서 비판할 수는 없다는 것이다. 그러나 과학자들은 우리의 직관이 잘못되었음을 그 직관을 가지고 있는 상식인들이 납득할 수 있도록 객관적인 증거를 제시하여 설명한다.

국민들의 '법 감정'이라는 말이 언론에 자주 등장한다. 마찬가지로 사람들의 '도덕 감정'이라는 것도 있다. 물론 그것은 절대 틀릴 수 없는 것도 아니고 시대에 따라 변한다. '성性에 대한 도덕 기준'이 시대에 따라 어떻게 변했는가 보라. 그러나 현존하는 도덕적 직관에 잘못이 있다는 합리적 근거가 제시되기 전까지 그것은 존중되어야 한다. 자신들

도덕 추론을 비판적 수준과 직관적 수준으로 구분한 헤어

의 이론이 '도덕적 직관'보다 더 우위에 있음을 입증할 책임은 '도덕적 전문가'를 자임하는 공리주의자에게 있는 것이다.

그러나 공리주의가 사회의 도덕 감정에 아랑곳하지 않고 막 나간다고 생각하는 것은 오해다. 공리주의자들은 규칙들 간에 충돌이 확실하게 일어날 경우에는 비판적인 수준에서 이익 계산을 하여 더 좋은 결과를 낳는 쪽을 선택할 것이다. 그러나 보통의 경우에는 전승된 규칙을 따르는 것이 좋은 결과를 낳을 확률이 높다고 생각한다. 우리가 엄격하게 비판적인 입장이 된다면 어느 쪽의 결과가 더 좋은지 잘 계산하겠지만, 그러기에는 지식도 부족하고 실수할 가능성도 있으며 감정이 앞설 수도 있다. 그러므로 공리주의자라도 지금까지 교육받은 규칙을 직관적으로 따르는 경우가 훨씬 많다. 이 점 때문에 현대의 대표적인 공리주의자인 헤어Richard Hare, 1919~2002는 도덕 추론을 비판적인 수준과 직관적인 수준으로 구분하여 일상의 삶에서는 다소간 넓은 윤리적 원칙들을 채택하고 거기서 벗어나지 않는 것이 훨씬 좋다고 제안했다.

경험 기계

미국의 철학자 로버트 노직^{Robert Nozick, 1938~2002}은 공리주의를 비롯하여 즐거움을 목적으로 하는 쾌락주의^{hedonism}을 비판하기 위해 경험 기계라는 사유 실험을 고안했다. 공리주의는 어떤 행동이 윤리적인가 판단하기 위해 그 행동이 가져오는 즐거움, 쾌락을 계산하는데, 이런 점에서 쾌락주의의 한 가지라고 할 수 있다. 노직은 《아나키에서 유토피아로^{Anarchy, State, and Utopia}》(1979)에서 우리가 원하는 경험을 모두 제공하는 경험 기계를 상상해보자고 한다.

이 기계는 일종의 가상의 기계인데 우리의 뇌에 자극을 줘서 우리가 원하는 즐거움을 모두 경험하게 해준다. 대통령에 당선되는 기쁨을 누리게도 하고, 로또에 당첨되는 행운을 맛보게도 하고, 멋진 이성과 섹스를 하는 짜릿함을 느끼게도 한다. 물론 현실에서 그런 경험을 하는 것이 아니다. 우리는 경험 기계에 연결되어 있고 그 경험은 '놀랄 만큼 대단한 신경생리학자'가 우리의 뇌에 자극을 주는 것일 뿐이다. 순전히 뇌로만 경험을 하는 것이다.

경험 기계라는 사유 실험을 고안한 노직

그런데 이게 현실의 경험인지 가상의 경험인지 전혀 알지 못한다. 영화 〈매트릭스〉(1999)를 상상하면 된다(매트릭스가 만들어내는 가상의 경험에 대해 더 자세한 내용은 지식인마을 시리즈 중 《세상에 믿을 놈 하나 없다: 데카르트&버클리》를 참고하라).

쾌락주의가 옳다면 우리는 언제나 즐거

움을 추구해야 하므로 우리의 뇌에 이 경험 기계를 연결하는 것이 합리적이다. 그런데 우리가 지금까지 살아온 인생과 이 기계 중 하나를 선택할 수 있다고 해보자. 여러분은 어느 쪽을 선택할 것 같은가? 노직은 사람들이 이 기계를 선택하지 않을 것이라고 말한다. 사람들은 즐거움 그 자체보다는 즐거움을 만들어 내는 현실의 인간 관계와 사회 및 자연 환경을 더 중요하게 생각하기 때문이다. 그러므로 노직은 이런 것을 무시하는 쾌락주의는 틀렸다고 주장한다. 그렇게 본다면 공리주의도 옳지 않다.

　쾌락주의자들은 이 사유 실험에 대해 두 가지 방면에서 비판할 수 있다. 하나는 쾌락주의를 오해했다는 것이고 또 하나는 가상 기계를 오해했다는 것이다. 우선, 쾌락주의는 즐거움의 경험만을 추구하는 것은 아니다. 쾌락주의는 로또에 당첨되는 행운을 즐거움으로 간주하지만 그때 즐거움은 나의 뇌를 자극해서 생기는 감각만을 가리키는 것이 아니다. 그 즐거움은 나의 손에 로또가 쥐어져 있고 온 가족이 함께 환호하고 이 돈을 어디에 쓸

🍶 사유 실험

사유 실험thought experiment은 가상적인 상황을 실험의 형태로 제시한 것이다. 과학자나 철학자들은 어떤 가상적인 시나리오를 만들고 거기에서 말하고 있는 특정 상황이 실제로 일어나면 어떻게 될까 판단을 내리기 위해 머릿속으로만 생각하는 사유 실험을 즐겨 사용한다. 사유 실험은 특정 이론을 반박하기 위해 사용되는 경우가 많다. 그 이론으로 설명이 되지 않는 가상의 예외적인 상황을 제시해서 그것의 한계를 지적하는 것이다.

까 상상해보는 실제 상황까지를 포함한다. 경험 기계는 즐거움을 주는 감각만을 만들어내지만, 쾌락주의자들이 원하는 즐거움은 그 감각을 만들어내는 상황 또는 현실까지 포함한 즐거움인 것이다. 따라서 경험 기계가 실현해내는 즐거움이 단순히 즐거움의 감각이라면, 쾌락주의자들도 경험 기계를 거부할 것이다. 한편 현실과 가상 기계가 무슨 차이가 있느냐고 생각하는 사람도 있다. 버클리$^{George Berkeley, 1685~1753}$ 같은 관념론 철학자들은 현실이라는 것이 따로 있는 것이 아니라 우리가 보고, 듣고, 만지고, 냄새 맡고, 맛보는 경험의 총합이라고 주장한다. 그렇다면 현실이 가상 현실보다 더 현실 같다는 이유 때문에 경험 기계를 선택하지 않을 이유는 없게 된다(버클리의 관념론 철학은《세상에 믿을 놈 하나 없다 : 데카르트&버클리》에서 자세히 설명하고 있다).

너무 높은 공리주의의 기준

의무론자라면 약속은 반드시 지켜야 한다고 생각할 것이다. 약속은 우리가 지켜야 할 규칙이기 때문이다. 그러나 공리주의에서는 약속은 그것을 지켰을 때 따라올 이익을 계산해보고 나서 지킬지 안 지킬지 결정한다.

영국의 빅토리아 여왕$^{Victoria, 재위 1837~1901}$ 시대 수상인 팔머스틴이 웨스트민스터 다리를 지나고 있을 때였다. 한 소녀가 우유통을 들고 다리를 건너오다가 넘어져 우유를 길바닥에 모두 쏟고 말았다. 가난한 소녀는 깨진 우유통을 바라보며 울음을 터뜨렸다. 그 모습을 지켜보던 팔머스틴이 소녀를 위로하며 말했다.

"애야, 지금 내가 가진 돈이 없구나. 내일 이 시간에 이 곳으로 나오렴. 우유와 우유통 값을 주마."

이튿날 수상은 장관들을 모아놓고 각료 회의를 주재하고 있었다. 그때 문득 소녀에게 했던 약속이 떠올랐다. 그는 회의를 중단하고 급히 웨스트민스터 다리로 달려가 소녀에게 우유와 우유통 값을 주었다고 한다.

이 이야기는 아무리 사소한 약속이라도 소중하게 여기라는 교훈을 주기 위해 자주 인용된다. 의무론자라면 아주 좋아할 이야기다. 그러나 공리주의자라면 이 상황에서 꼭 약속을 지켜야 할지 계산을 해볼 것이다. 약속을 지키지 않는다면 소녀는 실망할 것이다. 그리고 그것 때문에 비뚤어진 인생을 살아 사회에 나쁜 영향을 끼칠 수도 있다. 또 수상은 약속을 지키지 않는 못 믿을 사람으로 인식되겠지만 그것은 소녀에게만이다. 반면에 각료회의에서는 나라의 중요한 일을 결정한다. 그리고 각료회의를 취소하거나 연기하면 바쁜 장관들의 귀중한 시간들을 빼앗게 된다. 공리주의적 계산에 따르면 소녀와의 약속은 지키지 않는 게 낫다(사실 공리주의적으로 계산해보지 않더라도 수상이 직접 간 것은 바보 같은 짓이다. 비서를 보내면 되지 않는가? 그래도 약속은 지킨 것이고 소녀는 충분히 감동할 것이다).

이 경우에는 약속을 지키지 않아도 그럴 수 있다고 생각하는 사람이 있을 것 같다. 그러나 터무니없다고 생각되는 경우도 있다. 공리주의자가 친구에게 돈을 1백만 원 빌렸다고 하자. 갚을 날이 됐을 때 갚을 돈도 준비됐지만 그는 이렇게 생각한다. 저 친구는 잘 살기 때문에 이 돈이 없어도 크게 지장이 없을 거야. 돈이 없어서 심장병 수술을 받지 못하는 어린이에게 이 돈을 기부하는 것이 행복을 더 극대화하지 않을까? 그래서 정말로 친구에게 돈을 갚지 않고 기부를 한다면 사람들은 그 공리주의자를 칭찬할까? 홍길동 같은 의적의 행위도 때론 옹호받는다. 홍길동은 부정한 방법으로 재산을 모은 탐관오리들의 재산을 빼앗아 가난한 사람에게 나누어 주었기 때문이다. 이처럼 공리주의에서는 전체 행복이 증대된다면 정당한 방법으로 부자가 된 사람의 재산을 훔쳐서 가난한 사람에게 나누어 주는 행위도 용납될 수 있다.

공리주의는 이렇게 사람들이 상식적으로 받아들이기 힘든 상황을 옹호한다. 그런 상황을 옹호한다는 것은 그렇게 하는 것이 의무라는 뜻이기도 하다. 빌린 사람에게 돈을 갚지 않고 더 불쌍한 사람에게 나누어 주는 것이 의무이고, 부자의 재산을 훔쳐 가난한 사람에게 나누어 주는 것이 의무가 되는 것이다. 여러분은 이런 의무를 지킬 수 있는가? 이런 상황은 앞서 말한 헤어의 비판적인 수준과 직관적인 수준의 구분으로 대답이 될지도 모르겠다. 곧 공리주의자도 그것이 의무라고 말할 수 있지만, 비판적인 수준에서 아주 냉정하고 엄격하게 계산되었을 때나 그럴 것이다. 우리는 실제로 자신의 행동을 합리화하기 위해 의적의 행위는 더 큰 이익을 위해 정당하다고 말할지도 모른다. 그리고 홍길동 같은 사람이 늘어나면 우리가 예상 못한 골칫거리가 생길지도 모른다. 그러므로 공리주의자도 일상생활에서는 약속이나 정직의 규칙을 지키는 것이 낫다고 생각할 것이다.

이번에는 우리에게 좀 더 밀접한 예를 생각해보자. 우리는 세 끼 밥을 먹을 뿐만 아니라 간식도 먹고 가끔 외식도 한다. 그리고 영화도 보고 놀이공원에도 가며, 아주 가끔은 해외여행도 간다. 이런 일들은 분명히 우리 각자의 행복을 늘린다. 그러나 공리주의적으로 생각해보자. 그럴 돈을 점심을 굶는 어린이들을 위해서 쓴다면 훨씬 더 큰 행복을 가져올 수 있지 않을까? 내가 세끼 밥을 먹고 나서 간식을 먹을 때의 즐거움은 점심을 굶는 어린이가 점심을 먹을 때의 즐거움과 비교했을 때 아주 사소한 것이다. 나의 즐거움은 없어도 크게 지장 없는 것이지만 그 어린이의 즐거움은 생존과 관련된 것이니까. 또 해외여행 가는 대신에 기부를 하면 더 많은 어린이들이 점심을 먹을 수 있게 되므로 늘어나는 행복의 양은 어마어마하다. 공리주의에 따르면 우리는 굶는 어린이들이 없어질 때까지는 세끼 밥만 먹어야 하며 안 해도 생명에는 지장 없는 취미생활은 하지 말아야 한다. 굶는 어린이들이 있는데도 해외여행을 가는 것은 해서는 안 되는 일을 하는 것이다. 뒤집어서 말하면 세끼 밥만 먹고 남는 돈으로는 굶는 어린이를 돕는 것이 우리들의 의무다. 우리는 분명히 그렇게 행동하는 사람들이 있다면 천사와 같은 사람들이라고 칭찬할 것이다. 그렇다고 해서 그렇게 행동하는 것을 의무라고 생각하는가? 그렇게 행동하지 않았다고 해서 비난을 받아야 하는가? 공리주의는 지키기 너무나 힘든 것을 우리에게 요구한다(가난한 사람을 돕는 것에 대한 논의는 4장 이슈에서 더 설명하겠다).

벤담과 싱어의
생애

공리주의의 창시자 제러미 벤담

　제러미 벤담은 1748년 2월 15일 런던에서 태어났다. 그의 성장기를 대략적으로 살펴보면 다음과 같다.

　지금 기준에서 보면 신동이 태어났다고 매스컴의 대대적인 관심을 받을 것 같다. 아마도 법률가인 할아버지와 아버지가 그를 미래의 영국 대법관으로 키우려고 조기교육을 시켰기 때문일지도 모른다. 벤담을 계승한 존 스튜어트 밀은 한술 더 뜬다. 그의 아버지 제임스 밀[James Mill, 1773~1836]은 당대의 유명한 철학자이자 역사학자였는데 아들에게 세 살 때 그리스어를 가르쳤다고 한다. 우리나라 철학자인 율곡 이이도 다섯 살 때 이미 사서[四書]를 읽고 시를 지었다고 하는데 우리나라 다섯 살이면 서양 나이로 하면 서너 살이다. 신동은 동양이나 서양이나 비슷한가 보다. 그러나 벤담은 할아버지와 아버지의 기대를 충족시키지 못했다. 그

는 변호사를 무의미하고 돈이 많은
드는 소송만 부추기는 사람이라고
생각해서 변호사라는 직업을 굉장히
싫어했기 때문이다. 그래서 그는 변
호사보다는 법의 기초를 연구하고
그것에 대해 글을 쓰는 데 더 몰두하
게 된다.

자신의 이론을 현실 사회에 구현하고자
한 실천적 지식인 벤담

　공리주의의 창시자인 벤담은 학자
였지만 자신의 이론을 책에서만 펼친
것이 아니라 그것을 현실 사회에 구
현하고자 많은 노력을 기울였다. 그의 구상으로 가장 널리 알려진
것은 팬옵티콘panopticon이라는 원형 감옥이다. 황석영은 소설《오래
된 정원》(2000)에서 작가의 감옥 생활을 묘사하는데, 다음과 같이
팬옵티콘에 대한 구체적인 언급이 나온다.

　　구치소에서는 저 유명한 벤담의 일망 감시 시설을 본뜬 원형 칸
　　막이가 운동 공간이었다. 이 시설물은 수인 각자가 보여지기만
　　할 뿐 남을 볼 수는 없게 되어 있다. 벤담의 감옥은 원래 베르사
　　유의 동물원 시설에서 착상을 얻었다고 하는데, 가장 바깥쪽에
　　원형의 높고 긴 담을 둘러치고 케이크나 피자를 자르듯이 부채
　　꼴 모양으로 칸을 나누었다. 각 칸막이마다 문이 달려 있어서
　　수인을 안으로 밀어 넣고 문을 닫으면 그는 그냥 부채꼴의 시멘
　　트 담 속에 혼자 갇힌다. 원형의 탑이 중앙에 있고 이것은 이층
　　으로 되어 있다. …… 감시자는 계단을 통하여 위로 올라가 사

방의 칸막이를 위에서 동시에 관찰할 수가 있다. 그러나 나는 감시자가 우리를 칸막이에 넣어두고 정말로 충실히 수인들을 관찰하기 위해서 탑의 가장자리를 빙글빙글 돌아다니거나 하는 꼴을 본 적이 없다. 그는 어딘가 보이지 않는 편안한 자리에 앉아 담배를 피우고 있거나 동료와 잡담을 하고 있을 것이다. 하지만 위에서는 언제라도 마음만 먹으면 고개를 쭉 빼거나 돌려서 어느 칸에서 누가 무엇을 하는지를 살필 수가 있다. 시설은 참으로 상징적이었다. 연구실의 쥐새끼들처럼 우리들의 맴도는 움직임은 적나라하다.

이 감옥이 실제로 만들어진 것은 아니다. 그러나 이것은 최소의 비용으로 최대의 감시와 통제 효과를 낼 수 있다는 점에서 공리주의 이념을 잘 실현하고 있다고 평가받는다. 그런데 이런 평가가 그리 좋은 평가가 아닌 게 원형圓形 감옥은 이른바 감시 사회의 원형原型이고, 더 나아가서 팬옵티콘을 예로 들며 공리주의도 다수의 행복을 위해 소수의 권리를 억누르고 희생시키는 이론이라는 비판을 받기 때문이다.

특히 프랑스의 철학자 미셸 푸코Michel Foucault, 1926~1984는 《감시와 처벌Surveiller et punir: La Naissance de la prison》(1975)에서 애초에 감옥을 위해 구상된 팬옵티콘이 사회 전반적인 통제와 규율의 원리로 확산되었다고 주장한다. 실제로 최근 각종 디지털 장비에 의한 개인 정보의 수집과 그에 따른 통제는 푸코의 주장을 입증하는 듯하다.

그러나 현대 사회에서 '전자 감시'가 실현되고 있느냐의 문제

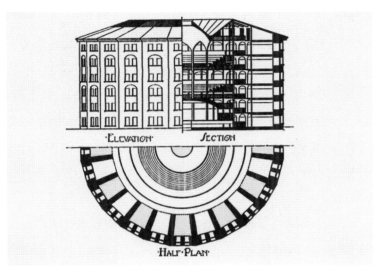

벤담이 고안한 팬옵티콘의 설계도

와는 별도로 벤담의 팬옵티콘이 그 원형이라는 해석은 오해의 소지가 있다. 벤담은 감옥이 터무니없이 잔인한 고통을 주는 곳이 아니라 참회하면서 개과천선하게 하는 곳이 되어야 한다는 의도로 팬옵티콘을 구상했기 때문이다. 당시 감옥은 아주 비인간적이고 비위생적이었는데 벤담이 설계한 팬옵티콘은 위생적인 화장실과 환기, 중앙 냉난방 시설이 갖추어져 있으며, 시민에게 공개되어 시민이 교도소 운영을 감시하도록 되어 있었다. 죄수들은 억압과 굶주림, 질병과 죽음의 공포에서 해방되었고, 이 점에서 팬옵티콘은 인간적이고 합리적인 시설이었던 것이다. 이렇게 팬옵티콘은 사람을 가두는 '감옥'이 아니라 교화시키는 '교도소'의 선구적인 모델이었다.

벤담은 현대의 기준에서 보더라도 아주 선도적이고 급진적인

사상을 주장했다. 당시 상류층만 받을 수 있었던 대학 교육을 중
산층도 받을 수 있도록 런던 대학을 설립하는 데 중요한 역할을
했다. 당시 옥스퍼드 대학이나 케임브리지 대학에는 재력가와 영
국국교도의 자제들만 입학할 수 있었는데 런던 대학은 인종·종
교·정치적 신념과 상관없이 누구나 입학할 수 있는 최초의 대학
이었다. 이것은 "모든 사람은 하나로 계산되며 어느 누구도 하나
이상으로 계산되지 않는다"라는 벤담의 정신을 그대로 실천한
것이다.

　그는 그 외에도 보편·평등 선거와 정기 국회의 필요성을 역설
했고 동성애자의 처벌을 반대했으며 가난 구제와 동물 해방을
주장하는 등 공리주의자로서의 삶을 살았다. 벤담은 현대의 관
점에서 보더라도 급진적인 동물 해방을 주장했다는 점에서 싱어
의 선구자가 되는데 이것에 대해서는 앞으로 이 책에서 자세히
다룰 것이다.

　벤담의 공리주의적 실천은 죽어서 클라이맥스에 이른다. "인

류가 얼마간의 작은 이득을 얻을
수 있게 하기 위해서" 자신의 주검
을 의과대학 해부용으로 기증한 것
이다. 그의 유언에 따라 뼈대에 밀
집을 채워 넣어 만든 몸체에 밀랍
으로 만든 가짜 머리를 얹어 평소
입던 옷을 입힌 인형이 지금도 런
던 대학에 전시돼 있다. 그 인형은
오토 아이콘Auto Icon이라고 불린다.

오토 아이콘

이 오토 아이콘은 가끔 영국 의회로 옮겨져 회의를 '참관한다'고 한다. 벤담은 철저하게 공리주의적인 삶을 살았고 죽은 다음에도 그렇게 살아가는 사람이다.

그는 여러 권의 책을 저술했지만 뭐니뭐니해도 공리주의 원리가 체계적으로 서술된 《도덕과 입법의 원리 서설》이 그의 대표작이다. 그 외 《입법이론Traite de Législation civile et penale》(1802), 《의회개혁안Parliamentary Reform Catechism》(1817), 《헌법전Constitutional Code》(1830) 등의 책을 냈다. 또한 1824년에는 존 스튜어트 밀의 아버지인 제임스 밀과 함께 철학적 급진파의 기관지인 《웨스트민스터 리뷰Westminster Review》(1824~1914)를 창간했다. 그는 죽는 날까지 매일 10~20쪽의 원고를 썼다고 한다. 런던 대학은 남겨진 원고를 중심으로 1968년부터 벤담의 전집을 출간하고 있는데 현재까지 25권이 나왔고 70여 권을 목표로 한다고 한다.

'실천' 윤리학자 피터 싱어

싱어는 1946년 7월 6일에 오스트레일리아 멜버른에서 태어나 지금도 활발하게 활동하고 있는 철학자다. 싱어의 부모는 1938년에 나치의 압박을 피해 비엔나에서 오스트레일리아로 이주한 유대인이다. 그리고 그의 조부모 중 세 명이 나치의 수용소에서 죽었다. 이 가족의 이야기는 싱어가 2003년에 출간한 《시간을 거슬러 : 나의 할아버지 그리고 비엔나 유대인의 비극Pushing Time Away:My Grandfather and the Tragedy of Jewish Vienna》에 자세하게 실려 있다. 그

현대의 가장 영향력 있는 공리주의자
피터 싱어

스스로가 나치의 피해를 입은 가족의 후손인데도 현재 그를 나치의 후예라고 비판하는 사람들이 있다는 것은 참 얄궂다.

그는 1967년에 멜버른 대학을 졸업하고 같은 학교에서 1969년 석사 학위를 받았다. 박사 학위는 1971년 영국의 옥스퍼드 대학에서 받았는데 유명한 윤리학자인 헤어가 지도 교수였다. 시민 불복종을 주제로 한 박사 논문은 1973년에 《민주주의와 불복종Democracy and Disobedience》이란 제목으로 출판되었는데 이것이 싱어의 첫 저서다.

싱어가 동물 해방에 관심을 갖게 된 것은 옥스퍼드에서 채식주의자인 동료 대학원생을 만나고서부터였다. 일상생활과 동떨어지지 않은 윤리학과 정치철학을 공부하던 그는 동물의 권리 문제에 대해 연구하기 시작했고, 박사 학위를 받은 후 미국의 뉴욕 대학에서 16개월 동안 학생들을 가르칠 때 《동물 해방Animal Liberation》(초판은 1975년, 재판은 1990년에 출간됨)을 쓰게 되었다. 이 책은 동물 해방 운동의 바이블이다. 동물 해방 운동의 철학적 토대를 제공해 주었으며 이 책을 읽고 채식주의자가 된 사람도 수없이 많다.

그는 1977년 멜버른으로 돌아와 모나시 대학에서 후학을 가르쳤다. 1999년에는 미국의 프린스턴 대학 인간 가치 연구소의 석좌 교수로 옮겼는데, 이때 장애인 단체들은 그가 장애인 살해를 옹호한다는 이유로 '세계에서 가장 위험한 인물'이라며 임용을 극렬하게 반대했다. 싱어는 회복 불가능한 심각한 장애가 있다면 영아 살해나 안락사를 옹호하는데 그런 사람이 어떻게 '인간 가치'를 연구하는 교수가 될 수 있느냐는 것이었다. 영국의 철학자 버트런드 러셀Bertrand Russell, 1872~1970이 1940년에 뉴욕 대학에 임용되려고 할 때 무신론자이며 난봉꾼이라는 이유로 사람들이 들고 일어난 적이 있었다. 러셀은 결국 임용이 안 되었는데 다행히 싱어는 임용이 되었다. 러셀도 그랬지만 싱어도 자신이 믿는 바를 정치가들처럼 에두르지 않고 거침없이 밝히기 때문에 적을 많이 만들고 있다.

그는 현재 가장 뛰어난 생명윤리학자이면서 동시에 논란의 대상이 되는 철학자다. 독일, 오스트리아, 스위스 등 독일어권 국가들에서는 나치의 죄과가 있기 때문에 나치의 냄새가 나는 것이라면 특히 민감하다. 그들은 싱어의 영아 살해와 안락사 옹호가 나치의 장애인 안락사와 같은 주장이라면서 그가 강의하는 것은 물론이고 그의 저서를 교과서로 사용하는 것조차도 강력하게 반대한다. 한 번은 그가 독일에서 강의하다가 장애인 단체에 의해 폭행을 당한 적도 있다. 이 과정은 《실천윤리학》에 〈부록 : 독일에서의 강요된 침묵에 대하여〉란 제목으로 실려 있다.

특정 인종, 성, 종교 따위에 대한 편파적인 발언을 미국에서는 증오 연설hate speech이라고 한다. 공평을 앞장 서서 주장한 싱어가 증오 연설의 당사자로 지목받는 것도 역시 얄궂은 일이다. 이것이 왜 오해인지는 이 책에서 해명될 것이다.

싱어의 저서로 가장 널리 알려진 것은 《동물 해방》 외에 《실천윤리학^Practical Ethics》(초판은 1979년, 재판은 1993년에 출간됨)이다. 이 책은 동물 윤리 문제 외에 남녀평등, 임신중절, 안락사, 빈부 문제, 세계화, 환경 문제 등의 실천적인 주제를 다루고 있다. 이 두 책은 우리말을 포함한 15개 이상의 언어로 번역됐다. 또 그는 이 책들 외에 20권이 넘는 책을 펴냈다.

싱어는 현재 프린스턴 대학의 인간 가치 연구소와 멜버른 대학교의 응용철학과 공공 윤리 센터에서 동시에 근무하고 있다. 지난 2002년에는 우리나라에도 방문하여 생명 윤리 관련 학회에서 "인간 배아는 고통을 느낄 수 있는 존재가 아니기 때문에 현재의 배아 연구에 문제가 없다"라는 취지의 발표를 한 적이 있다. 이 책을 마저 읽으면 이 주장의 말하는 바를 이해할 수 있을 것이다.

20세기 중반까지 윤리학은 지루하고 현실과 상관없는 문제를 다루고 있다고 생각되었다. 그러나 이제는 동물 해방뿐만 아니라 안락사, 임신중절, 빈부 문제, 환경 문제 등의 현실 문제들에 윤리적인 원리들을 토대로 해서 적극적으로 개입하고 있으며 여느 철학과 달리 이러이러하게 행동해야 한다는 지침을 제시하고 있다.

이런 실천윤리학의 발전에는 싱어의 공이 절대적이다. '실천' 윤리학자인 싱어는 자신의 주장대로 삶을 살고 있다. 채식주의자인 그는《동물 해방》에서 채식에 관한 철학적인 주장만 하는 것이 아니라 채식 식단도 소개한다. 가난한 사람을 돕는 것이 자선이 아니라 의무라고 주장하는 그는 수입의 20퍼센트 정도를 옥스퍼드에 본부를 둔 세계적 빈민 구제 기구인 옥스팜^OXFAM에 기부하고 있다. 그리고 생명 윤리뿐만 아니라 세계화와 환경 문제에 대해서도 저술, 기고, 방송 출연을 통해 활발한 발언을 하고 있다.

공리주의자,
싱어

상대주의를 넘어

우리는 지금까지 중요한 도덕 원리로서 의무론과 결과론 두 가지를 살펴보았다. 그리고 그 이론들이 어떤 문제점을 안고 있는지도 알아보았다. 모든 사람들을 만족시킬 수 있는 도덕 원리는 현재로서는 없는 것 같다.

동물보호운동가로 활동 중인 프랑스 여배우 브리지트 바르도

그렇다고 해서 윤리에 관한 상대주의가 옳다는 말이 아니다. 윤리적 상대주의란 특정 사회에 따라 무엇이 올바른지에 관한 견해가 다르다는 주장이다. 예컨대 한국에서는 개고기를 먹는 것이 그르지 않지만 프랑스에서는 그르다는 주장이다. 그러나 상대주의가 옳다면 개고기를 둘러싸고 벌인 손석희

아나운서와 프랑스의 배우 브리지트 바르도^{Brigitte Bardot, 1934~}의 논쟁은 아무 의미가 없다. 상대주의에 따르면 개고기를 먹는 것이 문제가 없다는 손석희의 주장이나 개고기를 먹는 것이 옳지 않다는 브리지트 바르도의 주장 모두 맞는 말이기 때문이다. 그러므로 그 둘이 만났을 때는 싸우기보다는 너희 나라에서는 개고기를 먹는 것이 잘못이지만 우리 나라에서는 잘못이 아니라는 것만 확인하고 헤어지면 된다. 그러나 이것은 곤란하다. 그것은 인류학자가 할 일이지 윤리학자가 할 일은 아니다. 앞에서 말한 것처럼, 윤리라는 것은 기본적으로 자신의 생각이 옳다는 것을 입증하고 다른 사람에게 설득할 수 있어야 하기 때문이다.

생긴 것이 다르다고 해서 차별하고 학대하는 윤리가 있다고 할 때 우리는 그것이 어느 사회에 특수한 윤리라고 해서 용납하지는 않는다. 물론 사회에 따라 서로 다른 점이 용인되는 관습이 있긴 하다. 예를 들어 어느 사회에서는 고개를 숙여서 인사하고 어느 사회에서는 코를 비벼서 인사한다. 특히 성^性에 관한 윤리는 매우 상대주의적이다. 혼외 성 관계를 부도덕하다고 생각하는 시대가 있었고 지금도 그런 사회가 있지만 그렇지 않은 사회도 많다. 성 풍속에 관한 인류학적 연구는 영구불변한 성도덕은 없다는 것을 보여준다. 그러나 다양한 도덕이 존재하는 사회라고 하더라도 예를 들어서 "다른 사람을 만나면 예의를 표시해야 한다"라는 윤리적인 원칙에서는 똑같고 그것을 표현하는 방법만 다르다.

아주 극단적인 형태의 상대주의는 윤리는 사람마다 다르다고 주장한다. 갑돌이는 개고기를 먹는 것이 옳다고 주장하고 갑순이는 개고기를 먹는 것이 옳지 않다고 주장한다. 상대주의에 따르면 그게 전부다. 두 사람의 주장이 모두 옳으며 더 이상의 토론은 무의미하다. 그렇다면 무엇이 더 윤리적인지 그리고 누가 더 착한지 토론할 필요가 없다. 이 사람은 이렇게 생각하고 저 사람은 저렇게 생각한다고 말하면 그만이다. 결국 윤리적인 주제를 다루는 이 책도 필요 없다.

공리주의, 윤리의 시작

아주 드물게 상대주의자로 사는 사람이 있을 수도 있겠지만 대부분의 사람들은 윤리적인 문제에 관해 토론을 하고 그것을 해결할 수 있는 도덕 원리를 찾는다. 싱어는 우리가 일단 도덕 원리를 추구한다면 기본적으로 공리주의자가 될 수밖에 없다고 주장한다. 그가 이런 주장을 하는 배경에는 앞에서 이미 살펴본 도덕 원리의 성격이 깔려 있다. 거기에서 도덕 원리가 될 수 있는 조건으로 정당화와 일반화를 제시했다.

일반화란 도덕 원리를 나에게만 적용하는 것이 아니라 나와 비슷한 다른 모든 사람들과 상황에도 두루 적용할 수 있어야 한다는 내용이었다. 내가 '나는 내가 가지고 싶은 것을 모두 가져도 괜찮다'라는 원리를 채택했다고 해보자. 내가 이 원리를 나한테만 적용하고 다른 사람은 어떤 원리를 가져도 상관없다고 생각한다면 위에서 말한 극단적인 형태의 상대주의가 된다. 이것은 누구의 주장이 옳은지 아예 토론거리도 되지 않으므로 도덕 원리라고 말할 수 없다.

이번에는 나는 이 원리대로 살지만 다른 사람들은 그러면 안 된다고 주장한다고 해보자(또는 우리 집단은 이 원리대로 살지만 다른 집단은 그러면 안 된다고 주장한다고 해보자). 일단은 다른 사람에게 무엇인가를 요구하고 있으므로 극단적인 상대주의는 아니다. 그러나 다른 사람들이 이런 놀부 심보 또는 제국주의적 생각을 받아들이겠는가? 상대주의자는 자신의 생각을 다른 사람에게 설득할 의사가 전혀 없는데 반해, 이 경우는 설득할 의사는 있다. 하지만 그 설득은 시작하자마자 실패하고 만다. 적어도 도덕 원리가 되려면 "나도 네 것을 빼앗지 않을 테니 너도 내 것을 빼앗지 마라" 정도는 되어야 다른 사람을 설득할 수 있다. 그 설득이 완벽하게 성공할 수 있어야 한다는 것이 아니라 적어도 설득을 할 수 있고 정당화를 시도할 수 있어야 한다는 것이다. 곧 그 원리를 일반화 또는 보편화할 수 있어야 한다. 도덕 원리라면 보편화 가능성^{universalizability} 조건을 반드시 갖추어야 한다.

싱어는 이 보편화 가능성 조건이 자연스럽게 공리주의를 불러온다고 생각한다. 아직 인류에게 윤리라는 것이 있기 전의 상태, 곧 '완전한 윤리적 진공 상태'인 시기는 아마 인간들이 사냥과 채집을 했을 것이다. 그 시대의 인류인 내가 어느 날 문득 채집한 과일들을 나 혼자 다 먹을지 아니면 다른 사람들과 나누어 먹을지 고민한다고 해보자. 싱어는 《실천윤리학》에서 윤리가 있기 전의 단계에서는 "오직 자기 자신의 이익만이 그러한 결정에서 고려될 수 있을 것으로 보인다"고 말한다. 왜 내 이익만 따지겠는가? 내 것이 더 소중하다는데 무슨 다른 이유가 있겠는가? 사람들은 단지 그것이 내 것이라는 이유만으로 내 것이 다른 사람의 것보다 더 중요하다고 생각할 것이다. 이것은 아직 윤리적인 사고를 하기 이전이다.

이후 인간은 윤리적인 사고가 가능해지면서 내 것이라고 해서 꼭 남의 것보다 더 중요하다고 인정할 수 있겠느냐고 고민을 하기 시작한다. 이때 '남'은 나의 혈연, 같은 종족뿐만 아니라 나와 이해관계가 없는 낯선 사람이다. 싱어는 이렇게 말한다.

> 나는 이제, 나 자신의 이익 대신에, 나의 결정에 의해서 영향을 받을 모든 사람들의 이익을 고려해야만 한다. 이러한 고려는 나에게 모든 이익들을 측정해서 영향받는 사람들의 이익을 최대화할 것으로 보이는 행동을 요구한다. 그래서 적어도 어떤 수준에서 도덕적인 추리를 할 때, 나는 영향받는 모든 사람들에게 최선의 결과를 가져올 행동을 선택해야만 한다.
>
> 《실천윤리학》(33~34쪽)

여기서 '이익'이나 '결과'라는 말에 주목해서 싱어가 처음부터 결과론에 유리하게 문제를 풀어가지 않느냐고 생각해서는 안 된다. 그 말들은 '개인적 권리', '생명의 존엄', '정의'처럼 의무론적인 내포를 갖는 말로 얼마든지 바꿀 수 있다. 싱어가 자주 쓰는 interest라는 말은 편의상 '이익'이라고 번역하긴 하지만, 각자가 소중하고 중요하게 생각하는 모든 것을 가리킨다(이 낱말은 싱어의 윤리학에서 아주 중요하므로 뒤에서 다시 설명하겠다). 싱어의 위 발언에서 중요한 것은 나, 개인을 넘어서서 '모든 사람'의 이익을 고려한다는 것이고, 이런 생각이 곧 윤리적인 사고의 출발점이라는 것이다. 우리가 윤리적으로 생각하고자 마음을 먹었다면 우리는 그 순간 보편적이고 공평무사한 관점을 취할 수밖에 없다. 그러면 매우 손쉽게 공리주의적인 입장에 다다르게 된다.

> 공리주의는 최소한의 것이며, 이기적인 의사 결정을 보편화함으로써 도달하게 되는 첫 번째 지점이다. 우리가 윤리적으로 생각하고자 하는 한 이러한 길을 가지 않을 수 없다. 우리가 공리주의를 넘어서서 공리주의적이지 않은 도덕적 규칙이나 이상을 받아들일 수 있기 위해서는, 이렇게 더 나아가야 할 합당한 이유를 가질 필요가 있다. 그러한 이유가 만들어질 때까지, 우리가 공리주의자로 남아 있어야 할 까닭이 있다.
>
> 《실천윤리학》 (35쪽)

싱어는 공리주의가 절대적으로 옳은 도덕 원리라고 말하는 것은 아니다. 도덕 원리를 제시하려고 할 때 공리주의적 사고는 최소한의 출발점이므로, 공리주의를 넘어서 다른 윤리 이론을 제시하고자 하는 사람들이 자신들의 이론이 왜 옳은지를 입증할 증명의 부담을 지게 된다는 것이다. 그 이전까지 우리 모두는 공리주의자여야 한다.

윤리 이론은 모름지기 보편화 가능성이 있어야 한다고 말한 사람은 싱어의 스승인 헤어다. 싱어는 그의 영향을 받았을 것이다. 사실 윤리 이론에서 이런 보편화는 꼭 공리주의가 아니어도 채택하고 있다.

앞서 칸트를 이야기할 때, 칸트가 "마치 당신의 행동 준칙이 자신의 의지에 의해 자연의 보편적 법칙인 것처럼 행위하라"라는 보편화의 원리를 내세웠다고 했다. 준칙이 모든 사람에게 적용되어야 한다는 뜻이다. 동양의 역지사지 정신과 성경의 황금률도 바로 보편화 가능성을 말하는 것이다. 그리고 '공평무사'는 보편화가능성이 말하려고 하는 정신이다. 어떤 윤리가 됐든 윤리는 우리에게 공평하기를 요구한다.

> 윤리는 '나'와 '너'를 넘어서서 보편적인 법칙, 보편화 가능한 판단, 공평무사한 관망자 혹은 이상적인 관찰자, 그것을 무엇이라 부르든 간에, 그러한 관점으로 나아갈 것을 요구한다.
>
> 《실천윤리학》(32쪽)

이성의 에스컬레이터

싱어의 말이 맞는다고 하더라도 공리주의는 우리가 윤리적으로 사고하기 시작했을 때에나 도달할 결론이다. 그런데 만약 윤리적인 사고를 거부하면 어떻게 될까? 계속해서 놀부 심보처럼 살겠다고 말하는 사람이 있으면 어떨까? 실제로 그런 전前 윤리적인 사람들을 쉽게 볼 수 있다. 그런데 왜 싱어는 사람들이 윤리적인 사고를 하고 공리주의적인 관점을 취하게 된다고 말하는 것일까? 싱어는 이 점에 대해 진화론적인 설명을 한다. 우리가 말을 하기 전까지 윤리적인 행동이라고는 기껏해야 상대방이 은 혜를 갚으면 우호적으로 핥아주고, 갚지 않을 경우 으르렁거리며 위협하는 정도였을 것이다. 그런데 말을 하게 되면서 그런 행동 대신에 "왜 그런 일을 했지?"라고 물을 수 있게 된다. 이유를 묻는다는 것은 곧 이성적으로 사고하기 시작했다는 것이다('이유reason'와 '이성rationality'은 어원이 같다). 그 시기에 놀부 같은 사람이 있다고 해보자. 그 사람은 남들이 채집한 열매는 자기가 가져가도 되지만 자기가 채집한 열매는 아무도 가져가서는 안 된다고 말한다. 예나 지금이나 그런 사람은 꼭 있다. 그 사람에게 왜 그래야 하는지 물어본다고 하자.

> 그는 거기에 대한 이유를 대야 한다. 물론 아무렇게나 이유를 대선 안 된다. 이성적으로 사고할 수 있는 존재들(단합이 잘 이루어지는 집단에 속해 있는) 간의 논쟁에서 이유를 대라고 요구하는 것은 전체로서의 집단이 받아들일 수 있는 정당화를 요구하는 것이다. 때문에 제시된 이유는 공정성을 지녀야 하며, 최소한 모든 사람들이 받아들일 수 있어야 한다.
>
> 《사회생물학과 윤리The Expanding Circle》(1981, 183쪽)

이성적인 사고는 인간 진화의 한 과정이다. 이성적으로 생각한다면 공평하게 생각할 수밖에 없다. 우리는 진화에 의해 윤리적인 사고, 곧 공평무사한 사고를 거부할 수 없는 것이다.

만약 앞서 말한 그 놀부 같은 사람이 "너희들이 내 것을 가져가면 나한테는 손해지만 내가 너희들 것을 가져오면 나한테 이익이니까 그렇게 해야 해"라고 대답한다면 집단의 동의를 얻을 수 있을까? 도둑놈 심보라고 모두 왕따시킬 것이다. 물론 이렇게 이유를 댈 수는 있다. "나는 힘이 세니까 그렇게 해도 돼."

부시 같은 사람이 원시시대에도 있었던 모양인데, 이것도 약한 의미에서나마 보편화라고 말할 수 있다. 왜냐하면 이 이유는 "나와 같이 전사로서의 용맹성을 갖추고 있는 자는 누구든 나만큼의 열매를 가져야 한다"라는 식으로 보편화할 수 있기 때문이다. 그리고 그가 싸움 기술이 떨어졌을 때는 열매를 적게 가진다는 것을 받아들인다면 일관적이기 때문이다. 싱어는 이런 사고가 '유사 공정성'(완전한 공정성은 못 되고 공정성 비슷한 것)이긴 하지만 "윤리적 추론이 발전하는 데 중요한 발판 구실을 하게 된다"(《사회생물학과 윤리》 184쪽)고 말한다.

이성적으로 생각한다면 공평하게 생각할 수밖에 없다고 말할 때, 싱어는 이성 개념을 다소 넓은 개념으로 쓰고 있다. 사실 놀부처럼 이기적인 사람이라고 해서 이성이 없다고 말하기는 힘들다. 우리의 직감으로 볼 때 오히려 이기적인 사람이 얼마나 이성적인가? 놀부야 좀 어리숙한 욕심쟁이지만, 영화 〈양들의 침묵^{The Silence of The Lambs}〉(1991)에 나오는 정신과 의사 한니발 렉터(앤서니 홉킨스 분) 박사를 보라. 사람을 죽일 뿐만 아니라 먹기까지 하는 그는 얼음 같이 냉혹한 이성과 풍부한 지식의 소유자로 그려지고 있어 그를 비이성적이라고 보기 힘들다. 그도 자신의 행동에 대해 이유를 댄다. 다만 그 이유는 다른 사람들이 받아들이기 힘든 정당화일 뿐이다. 사람들로부터 인정받지 못하고 그렇게 살고 싶다는 사람을 말릴 방법은 없다. 그런 사람의 이성과 달리 싱어가 말하는 이성은 상대방과 대화가 가능하다는 전제를 깔고 있다.

어쨌든 싱어는 이성은 끝이 없는 에스컬레이터와 비슷하다는 비유를 자주 든다. 이성은 일단 발을 올려놓고 나면 어디에 다다를지 알 수 없는 에스컬레이터와 같다.

기대하지 않았던 곳으로 우리를 인도하는 이성의 능력은 진화의 당연한 노정이라 생각할 수 있는 곳으로부터 이상 야릇하게

우회한 곳으로 우리를 옮겨놓았다. 우리가 이성 능력을 갖게 된 것은 그것이 우리가 생존하고 번식하는 데 유리했기 때문이다. 그러나 만약 이성이 에스컬레이터라면, 비록 상승의 첫 단계에서는 생존과 번식을 도왔을지 몰라도, 이제 이러한 목적을 위한 단계는 지나쳐버리고 더 높은 곳으로 옮겨가게 되었다.

《이렇게 살아가도 괜찮은가》(351쪽)

우주적인 관점에서

싱어가 생각하는 더 높은 곳은 어디를 말할까? 좀 거창하게 들릴지 모르겠지만 그것은 우주적인 관점을 말한다. 개인적인 관점은 나의 이익을 다른 사람들의 이익보다 더 중요하게 생각하는 것을 말한다. 이에 비해 우주적인 관점에서 나는 다른 사람들과 마찬가지로 나름대로의 욕구와 선호를 가진 수많은 사람들 중 하나일 뿐이다.

이성은 다른 사람들도 우리와 유사한 주관적인 관점을 가지고 있으며, '우주적인 관점'에서 보게 되면 우리의 관점이 다른 사람의 그것에 비해 보다 높은 지위를 차지할 수 없다는 사실을 인식하게 해준다. 따라서 생각할 수 있는 능력은 우리로 하여금 자신의 관점에서 스스로 벗어날 수 있다는 사실과 개인적인 관점을 포기하면 세상이 다르게 보일 수도 있다는 사실을 인식할 수 있게 한다.

《이렇게 살아가도 괜찮은가》(355쪽)

국문학자 양주동梁柱東, 1903~1977 박사는 스스로를 '국보'라고 불렀다. 철학자 김용옥은 이에 빗대어 스스로를 '우주보'라고 부른다. 우주적인 관점이라고 하니까 김용옥의 우주보를 연상케 해 뭔가 오버하는 말처럼 들린다. 그냥 '총괄적인 관점'이라고 해도 될 것 같은데 '우주적인 관점'이라고 쓴 이유는 영국의 공리주의자 헨리 시지윅Henry Sidgwick, 1838~1900 이 먼저 사용한 용어였기 때문이다. 그의 이 말은 최대한 포용력 있는 관점을 말한다. 우주적인 관점을 취하기란 어려워 보이지만 사실 인류는 우주적인 관점을 향한 도정을 거쳐왔다. 영어의 바바리안barbarian이란 단어는 '야만인'이란 뜻도 있지만 '외국인'이란 뜻도 있다. 이 단어가 처음 나온 그리스에서는 아테네 사람이 아니면, 즉 외국인이면 모두 야만인이라고 생각했다. 우리 종족이 아닌 사람은 우리 종족과 똑같은 사람으로 보지 않았는데, 똑같지 않다는 뜻은 우리 종족 구성원에게는 의무인 것이 다른 종족 구성원에게는 의무로 작용하지 않는다는 말이다. 물론 같은 종족이라고 해서 도덕 원리를 똑같이 적용한 것은 아니다. 잘 알려진 것처럼 그리스는 민주주의 사회였지만, 그것은 노예, 여자, 어린이를 제외한 민주주의였다. 자기와 같은 계급, 같은 성, 같은 종족 내에서만 공평무사함의 원칙이 적용되었고, 그 영역 밖으로 나가면 그 원칙은 무너지고 말았다.

인류가 이성적인 사고를 하기 시작한 후로 사람들은 다른 사람

● **헨리 시지윅**

영국의 철학자. 벤담, 밀과 함께 19세기의 대표적인 공리주의자다. 자신의 저서 《윤리학의 방법Methods of Ethics》에서 상식 도덕을 강조하는 직관주의 공리주의를 주장했다.

의 이익을 나의 이익과 똑같이 고려해야 한다는 윤리적인 사고를 하게 되었다. 그러나 이때 공평하게 대해야 하는 이익은 내가 속한 집단의 이익으로 한정되었다. 집단이 다르면, 예컨대 종족이 다르면 사람으로 취급을 하지 않았고, 그러니 윤리적인 고려의 대상도 되지 않았다. 이유 없이 고통을 받고 싶지 않다는 것은 나의 이익 중에서 가장 기본적이고 중요한 이익이다. 이제 이런 이익이 다른 사람에게도 있다는 것을 깨닫게 되고 그것을 내 것과 똑같이 고려하게 된다. 다른 사람의 고통이 나의 고통과 비슷하고 내가 고통을 받으면 싫은 것처럼 다른 사람들도 고통을 받으면 싫어할 것이라는 것을 이성은 우리에게 가르쳐주었다. 그러나 여기에서 '다른 사람'은 나와 같은 집단에 한정된다. "저 사람이나 나나 고통을 받으면 똑같이 괴로운데 왜 저 사람의 고통은 고려하면서 내 고통은 고려하지 않는가?"라고 다른 집단 사람이 묻는다면 뭐라고 대답하겠는가? 기껏 대답할 수 있는 것이 "쟤는 우리편이니까" 정도일 텐데 이성적 사고에서는 이런 대답을 거부할 수밖에 없다. 그럼에도 불구하고 다른 집단의 구성원도 고통을 받으면 괴로워한다는 것을 알고 그것을 똑같이 고려해야 한다고 생각하게 된 것은 한참 나중의 일이다.

　인류의 역사에서 집단이 다르다고 해서 다른 집단의 구성원들을 괴롭히고 심지어는 죽이는 일들이 얼마나 많았는가? 동양이든 서양이든 모든 사람들을 공평무사하게 대해야 한다고 생각하게 된 것은 1백 년 정도밖에 안 되었다. 우리나라에서는 1894년에야 노비제도가 없어졌다. 미국에서는 링컨 대통령이 흑인 노예제도를 폐지했지만 일상 생활에서 흑인들에 대한 공공연한 차별은 1960년대 흑인 인권 운동 때까지 여전히 계속되었다. 양반은 노비가 자신과 비슷하게 생기긴 했지만 '말할 줄 아는 동물'로밖에 생각하지 않았다. 따라서 자신의 목적을 달성하기 위한 '수단' 또는 '재산'으로만 생각했고, 윤리적 고려의 대상이 되지 않았다. 노비는 거래의 대상이었으며 주인에게 반항할 때는 죽여도 문제가 되지 않았다. 백인이 흑인 노예들 또는 점령지의 원주민들을 보는 시각도 이와 다르지 않았다.

현대에도 여전히 자행되는 인종 청소를 보면 어떻게 사람의 탈을 쓰고 같은 사람에게 저런 일을 할 수 있느냐는 탄식이 나온다. 그러나 이 경우에도 다른 인종은 윤리적인 판단의 대상이 아니라고 생각하기 때문에 그런 일이 양심의 가책 없이 자행되는 듯하다. 이런 역사를 생각해볼 때 한 집단 내의 개인들 사이에서 공평무사한 관점을 갖는 것으로부터 사람이라면 누구의 이익이든 똑같이 취급해야 한다는 보편적인 관점을 갖게 된 것은 싱어의 표현대로 "실로 엄청난 변화"(《사회생물학과 윤리》 184쪽)라고 말할 수 있다. 그는 이렇게 말한다.

> 윤리적인 관점에서 보았을 때, 내가 단지 내가 속해 있는 사회의 많은 사람들 중에 하나임을 알게 되었다면, 또한 전체라는 관점에서 볼 때 나의 이익이 내가 속해 있는 사회에 살고 있는 타인들의 이익보다 중요하지 않다는 것을 알게 되었다면 나는 다음과 같은 사실을 기꺼이 받아들이게 될 것이다. 즉 좀 더 넓은 관점에서 보았을 때 나의 사회가 여러 사회들 중의 하나에 불과하며, 좀 더 확대된 시각에서 볼 때 내가 소속되어 있는 사

회 구성원의 이익이 다른 사회에 살고 있는 사람들의 이익보다 중요하지 않다는 점을 수용하게 될 것이다. 윤리적 추론은 일단 시작되면 당초에 제한되어 있던 윤리적 지평을 밀어내고 좀 더 보편적 관점을 취하도록 우리를 인도한다.

《사회생물학과 윤리》(216쪽)

나의 이익이 다른 사람의 유사한 이익보다 중요하지 않다고 생각하는 것이 이성적(합리적)인 사고다. 내가 이유 없는 고통을 피하고 싶다는 생각을 갖고 있다면 다른 사람이 갖고 있는 그 생각도 똑같이 고려해야 한다. 그 다른 사람이 나와 피부색, 성별, 나이, 사용하는 언어 등이 다르다는 것은 전혀 중요하지 않다. 피부색이 나보다 더 검다고 해서 이유 없는 고통을 피하고 싶은 욕구가 없겠는가? 가족과 헤어지면 슬프다는 것을 모르겠는가? 그 사람이 누구든 아프면 똑같이 아프고 아픔을 피하고 싶은 생각도 똑같으므로 그 사람의 이익을 똑같이 고려하는 것이 보편적 관점을 취하는 것이다.

그러면 윤리적 사고에서 이성의 반대말은 무엇일까? 그것은 감정, 본능, 관습 등과 같은 것이다. 앞에서 내 이익을 우선 고려하는 데에는 다른 이유가 없다고 말했다. 누구에게나 내 것을 먼저 챙기려는 본능이 있다. 그리고 나의 혈연의 이익을 먼저 챙기는 것이 인지상정이라고 생각한다. 내 아이와 전혀 모르는 아이가 똑같이 굶고 있는데 빵은 하나밖에 없다. 누구에게 먹이겠는가? 또 억압받는 집단의 이익을 무시하는 것을 관습이라고 받아들인다. 노비, 흑인, 여성 등 사회적 약자(이런 사람들을 요즘은

'소수자'라고 부른다)에 대한 차별은 관습이란 이름으로 옹호되었다. 최근에 우리나라에서는 지방에 대한 서울의 기득권 유지에도 이 '관습'이란 말이 쓰였다. 감정, 본능, 관습은 이렇게 인간에게 타고난 것과 지금까지의 습관을 아무 반성 없이 받아들이는 것이다. 이에 반해 그것들에 대해 반성해보고 따져보는 것이 이성적인 사고다. 이성적인 사고는 필연적으로 공평무사함이라는 조건을 취하게 된다. 이 조건이 모든 사람들의 이익에 똑같은 비중을 두어야 한다는 입장으로 우리를 이끄는 것이다.

이성적 사고는 진보하여 윤리적 사고의 범위를 확장해간다. 그것을 그림으로 그려 보면 아래의 표와 같다.

이성적 사고의 진보는 윤리적 사고의 범위를 전 인류로 확장해나갔다. 싱어는 이것을 다음과 같이 말한다.

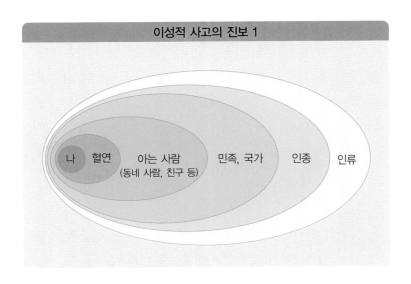

이성적 사고의 진보 1

나 / 혈연 / 아는 사람 (동네 사람, 친구 등) / 민족, 국가 / 인종 / 인류

> 도덕적 추론이 갖는 공평무사성이라는 특징은 그 논리적 귀결
> 로써 첫째, 모든 인간에 대해 동등하게 관심을 가져야 할 것을
> 요구한다.
>
> 《사회생물학과 윤리》(216쪽)

공평무사함을 갖추게 되면 필연적으로 모든 인간에 대한 동등한 관심이 의무로 도출된다는 것이다. 그러나 문제는 사람들이 도덕적 추론을 안 하려고 한다는 점이다. 싱어의 말대로 도덕적으로 생각하기만 한다면 공평무사한 자세가 되고, 그러면 동등한 관심이 논리적으로 따라 나올지 모른다. 그러나 안타깝게도 사람들은 도덕적으로 생각하려고 하지 않는다. 싱어는 이성의 에스컬레이터가 우리를 그런 의무로 데려다준다고 말하고 있지만, "그러면 난 그냥 비이성적으로 살래!"라고 생각하는 사람들도 많다(한니발 렉터라면 "나는 내 이성대로 살래!"라고 말할 테지만 말이다). 먼 곳에 있는 사람은 말할 것도 없고 가까운 이웃의 이익보다 나의 이익을 먼저 고려하는 사람들이 얼마나 많은가?

싱어를 자비롭게 해석하면, 그가 모든 인간들의 이익에 대한 동등한 관심을 논리적으로 정당화하려고 했으며 우리는 그것을 반드시 받아들여야 한다는 주장을 했다고 해석해서는 안 될 것이다. 그는 아마도 우리가 의무를 받아들인다면 그 의무를 받아들이는 것이 얼마나 그럴듯한지 설명하려고 했을 것이다. 현실은 그리 낙관적이지 않지만 '이성의 에스컬레이터'는 우리 사회를 노예제도와 차별이 당연시되던 예전보다 훨씬 평등한 사회로 이끌지 않았는가? 이성의 에스컬레이터는 우리를 더 평등한 사

고가 이루어지는 사회로 데려다줄 것이라고 기대해본다.

이익들에 대한 평등한 고려 원칙

우주적인 관점을 취한다는 것은 모든 사람들의 이익을 고려한
다는 것을 뜻한다고 앞서 말했다. 그리고 그것은 나와 생김새가
다르고 생각이 다르더라도 나의 결정에 의해서 영향을 받을 모
든 사람들의 이익을 공평하게 고려해야 한다는 것이다. 싱어는
이것을 이익들에 대한 평등한 고려 원칙이라고 부른다. 이 원칙
은 이익을 측정할 때 나의 이익을 다른 사람들의 것보다 더 중요
하게 생각하지 않는다는 것을 뜻한다. 그리고 내가 속한 집단, 가
령 한국인, 남성, 황인종의 이익을 다른 집단의 이익보다 더 중요
하게 생각해서는 안 된다는 것을 뜻한다. 이익은 누구의 이익이
든지 간에 이익이다. 이 원칙의 정신은 앞에서 말했던 벤담의 다
음과 같은 유명한 경구에 이미 담겨 있다. "모든 사람은 하나로 계산
되며 어느 누구도 하나 이상으로 계산되지 않는다." 다만 벤담은
이익이라는 말을 하지 않았을 뿐, 그 정신에서는 똑같다.

싱어가 여러 번 거론하는 이익이라는 것은 도대체 뭘까? 얼핏
생각하면 사람들의 욕구, 관심, 선호 등을 말할 텐데 그것은 사
람마다 다르다. 밥 한 그릇만 먹어도 배가 부른 사람이 있는 반
면 세 그릇은 먹어야 배부른 사람도 있다. 어떤 사람은 세끼 배
부르게 먹고 등 따뜻하면 욕구가 만족되는 반면에 어떤 사람은
수백억 원의 재산이 있어도 아직도 배가 고프다고 한다. 또 어떤

사람은 클래식 음악을 즐길 수 있으면 다른 모든 것은 필요 없다고 생각한다. 각자의 이익이 이렇게 다른데 이익을 어떻게 측정하고 비교하며 고려할 것인가? 그런 계산이 얼마나 힘든지 양적 공리주의와 질적 공리주의를 비교하면서 이미 언급했다. 그래서 싱어는 사람이라면 누구나 추구할 공통되는 것, 인간다운 삶을 살기 위해서 필요한 최소한의 것을 이익이라고 생각한다. 그는 다음과 같은 것들을 이익의 예로 든다.

> 고통을 피하고, 능력을 개발하고, 먹고 자는 기본적인 욕구를 충족시키고, 다른 사람과 우정과 애정을 즐거이 교환하고, 타인들로부터 불필요한 간섭을 받지 않고 자신의 삶의 계획을 자유로이 추구하는 이익.
>
> 《실천윤리학》(45쪽)

애개! 이익이라는 게 겨우 요건가? 그러나 이 정도의 이익은 누구나 다 공통적으로 갖고 싶어하고 반드시 필요로 하는 이익이다. 원하지 않는 고통은 누구나 다 피하고 싶어한다. 산해진미의 음식이 아니고 멋들어진 집이 아니어도 배곯지 않고 비이슬 피할 수 있는 곳에서 자고 싶어한다. 그리고 사랑하는 가족과 함께 있고 싶어하고 다른 사람으로부터 간섭과 구속을 받기 싫어한다. 이 정도의 이익은 여자든 남자든, 어린이든 어른이든, 지능지수가 얼마든, 피부색이 어떻든 간에 누구나 다 추구하는 최소한의 이익이다.

중요한 것은 이런 종류의 이익은 어떤 종류의 인간이라도 똑같이 가지고 있다는 사실이다. 고통을 피하는 이익을 생각해보자. 고통에서 벗어나야 할 도덕적인 이유는 단순히 고통 그 자체가 바람직하지 못하기 때문이다. 그 고통이 어느 누구의 고통이기 때문이 아니다. 한번 생각해보라. 압정에 찔려서 아프면 누구나 다 아프지 백인이라고 해서 더 아프고 흑인이라고 해서 덜 아프겠는가? 또 지능지수가 높고 사회적 지위가 높다고 해서 더 아프겠는가? 고통을 피하는 이익은 그것이 누구의 것이든 간에 똑같이 간주해야 한다는 것이 이익에 대한 평등한 고려 원칙이 말하는 바이다. 물론 이 원칙이 이익을 무조건 똑같이 취급하라는 말이 아니다. 이 원칙은 이익을 평등하게 고려하라고 말하고 있을 뿐이지 평등하게 대우하라고 말하고 있지는 않다. 고통의 양이 다르면 당연히 다르게 취급해야 한다. 압정에 찔려 아픈 사람보다 칼에 찔려 아픈 사람을 먼저 치료해주어야 한다. 그러나 똑같은 양의 고통이라면 누구의 고통이라고 해서 더 소중한 것이 아니다.

　싱어가 공리주의자인 것은 분명한 것 같다. 모든 사람의 이익을 동등하게 고려하라고 하니까 말이다. 그러나 앞서 살펴본 벤담과 밀의 공리주의와는 성격이 다르다. 벤담이나 밀, 싱어 모두 관련된 모든 사람의 이익을 말하지만 그 이익이 약간 다르다. 벤담과 밀에게 이익은 행복이었다. '최대 다수의 최대 행복'이 그들의 슬로건이었고 행복은 즐거움이 있고 고통이 없는 상태를 말했다. 그들도 물론 행복을 극대화하는 것뿐만 아니라 불행을 최소화하는 행동을 윤리적이라고 생각하지만 행복과 불행의 양을 계산하여 행복의 양이 더 크면 그 행동은 받아들인다. 예를 들어서 다음 세 사회가 있다고 해보자.

A. 아무도 행복하지 않지만 아무도 고통을 받지 않는다.
B. 아무도 행복하지 않지만 극심한 고통을 받는 사람이 몇 명 있다.
C. 아주 행복한 사람도 몇 명 있고 극심한 고통을 받는 사람도 몇 명 있다. 그런데 행복의 양이 고통의 양보다 더 크다.

벤담과 밀을 고전적 공리주의자라고 부르자. 고전적 공리주의자는 당연히 A가 B보다 좋은 사회라고 볼 것이다. A와 C를 비교할 때는 C가 행복의 양이 더 많으므로 C가 더 좋은 사회라고 말할 것이다. 그러나 싱어는 고통을 줄이는 것에 더 주목한다. 그가 보기에는 C보다는 A가 고통을 피하는 이익이 더 많으므로 더 좋은 사회다. 고전적 공리주의에서 가장 윤리적인 행동은 최대 다수의 사람들에게 고통보다 즐거움을 더 많이 산출하는 행동이다. 반면에 싱어와 같은 공리주의에서는 최소한의 고통을 산출하는 행동을 해야 한다. 그래서 이런 공리주의를 부정적 공리주의라고 부른다. 또 싱어가 거론한 이익들은 우리가 바라는 바이기는 하지만 즐거움이라고 말할 수는 없는 것들이다. 고통을 피했다고 해서, 남에게 간섭을 안 받는다고 해서 즐겁기까지 하겠는가? 그렇지만 그런 이익들은 분명히 우리가 바라고 선호하는 것들이다. 그래서 즐거움(쾌락)에 주목하는 고전적 공리주의와 달리 싱어와 같은 공리주의는 선호 공리주의라고 부르기도 한다. 이런 입장을 취하는 공리주의자는 어떤 행동이 즐거움을 산출하든 안 하든 많은 사람의 욕구 또는 선호를 만족한다면 그 행동은 윤리적이라고 주장한다.

평등의 내용

그러나 싱어가 말하는 이익의 평등한 고려는 구체적으로 무슨 뜻일까? 그리고, 고통을 피하는 이익은 누구의 이익이 됐든 똑같이 고려하라는 것은 무슨 말일까? 대학 입시 또는 입사 시험에서 친구는 100점을 맞아 입학했는데 나는 50점을 맞아 떨어져서 몹시 고통스럽다. 고통을 피하고 싶다는 나의 이익도 똑같이 고려해서 나도 합격시켜주어야 한다는 말일까?

1980년대 대학가에서 많이 불리던 노래 중에 〈못생긴 얼굴〉(한돌 작사, 작곡)이 있었다. 그 노래의 2절은 다음과 같다. "너네는 큰 집에서 네 명이 살지 우리는 작은 집에 일곱이 산다 그것도 모자라서 집을 또 사니 너네는 집이 많아서 좋겠다 하얀 눈 내리는 겨울이 오면 우리집도 하얗지." 작은 집에 일곱이 사는 사람의 고통도 고려해서 더 큰 집에 살 수 있게 해주어야 한다는 말인가?

평등주의egalitarianism라고 해서 모든 사람들을 똑같이 대우하라는 주장을 하지는 않는다. 싱어가 제시한 평등의 원칙도 이익의 평등한 고려이지 평등한 대우가 아니다. 일단 세상 사람들은 똑같지가 않다. 친구와 당신을 비교해보라. 친구는 얼짱에 몸짱인데다가 똑똑하기까지 하고 집안 환경도 좋다. 그런데 나는 모든

게 그 반대다. 세상 사람들은 다 똑같지도 않을 뿐만 아니라 똑같게 만들 수도 없다. 평등주의가 세상 사람들이 모든 점에서 완전히 똑같아야 한다는 주장이 아니라면 '어떤 중요한 점에서' 똑같아야 한다는 주장으로 이해되어야 한다. 그 중요한 점은 무엇일까? 앞에서도 말했지만 세상 사람들은 중요하게 여기는 것이 각각 다르다. 어떤 사람은 돈을, 어떤 사람은 명예를, 어떤 사람은 건강을, 어떤 사람은 취미 활동을 중요하게 생각한다.

방금 말한 〈못 생긴 얼굴〉이란 노래와 비슷한 시기에 불려졌지만, 전혀 다른 이데올로기의 〈아! 대한민국〉(박건호 작사. 김재일 작곡)이란 노래가 있었다. 그 노래 중에 "저마다 누려야 할 행복이 언제나 자유로운 곳"이란 가사가 있다. 각자가 누려야 한다고 생각하는 행복은 저마다 다른 법이다. 그러나 그 노래는 다음과 같은 가사가 이어진다. "원하는 것은 무엇이든 얻을 수 있고 뜻하는 것은 무엇이든 될 수가 있어…." 당시 대학생들은 이 노래의 순진함을 비꼬며 다음과 같이 코러스를 넣어서 불렀다. "원하는 것은 무엇이건 얻을 수 있고 (돈 있으면) 뜻하는 것은 무엇이든 될 수가 있어 (빽 있으면)…."

저마다 생각하는 행복이 다르긴 하지만 그래도 가장 많은 사람들이 중요하게 생각하는 것은 역시 돈과 배경이다. 많은 돈에 욕심내지 않는 사람도 있기는 하지만 그런 사람도 생계 유지와 인간다운 삶을 위해서는 최소한의 돈이 꼭 있어야 한다고 생각할 것이다. 배경도 결국 그 돈을 위해 필요하다. 그래서 평등주의는 모든 사람에게 돈을 똑같이 나누어 주어야 한다는, 다시 말해서 모든 사람의 수입이 똑같아야 한다는 주장으로 이해할 수도 있다. 그러나 역시 그런 주장을 펼치는 평등주의자는 거의 없다. 돈을 똑같이 분배한다고 해서 모든 사람들이 똑같이 살 리가 없다는 것을 잘 알고 있기 때문이다. 사람들은 돈을 쓰는 능력도 다 다르다. 똑같은 돈을 받아도 어떤 사람은 착실히 저축하거나 투자해서 돈을 불린다. 그러나 또 다른 사람은 흥청망청 써버리거나 투자를 잘못해서 쪽박을 차게 된다. 돈의 분배만 평등할 뿐 여전히 생활은 불평등하다. 그렇다고 해서 사람들에게 돈을 이러이러하게 써야 한다고 일일이 간섭해야 할까? 그러면 혹시 평등해질지는 모르겠지만 자유라는 중요한 덕목이 희생되고 만다.

　사람들을 결과적으로 평등하게 만드는 것은 현실적으로 어려울 것 같다. 그래서 현대 사회에서 평등이라고 할 때는 보통 기회의 평등으로 받아들인다. 곧 사람들에게 기회가 똑같이 주어진다면 수입이나 사회적 지위에서 평등하지 않은 결과가 나타나더라도 문제가 없다는 것이다. 달리기 경주로 비유해서 말해보자면 모든 사람들을 같은 출발선에서 출발하게만 한다면 그 경주는 공정하다. 비록 골인 지점에는 모두 다르게 도착하겠지만 말이다. 사실 모든 사람들에게 법률적으로나마 기회의 평등이 주어진 것은 인류 역사에서 얼마 되지 않는다.

　잘 알다시피 과거 우리나라에서는 남성 양반 계급을 제외하고는 아예 과거를 볼 기회조차도 주어지지 않았다. 서구 사회에서도 흑인들에게 공평한 기회가 주어지지 않았다. 달리기 경주 자체에 참여할 기회조차 주지 않은 것이다. 여성, 흑인, 노비로 태어나는 데에는 전혀 자신의 의사가 개입되지 않는다. 누가 여성으로 태어나는 것을 선택할 수 있단 말인가? 자신의 의지와 노력이 전혀 개입되지 않은 것에 의해서 자신의 미래가 결정되는 사회라면 그 사회는 전혀 공평하지 않다. 최소한의 의미에서의 평등도 실현되지 않는 사회인 것이다.

이 기회의 평등이 싱어가 말하는 이익의 평등한 고려일까? 그러나 그는 기회의 평등이 평등의 이상으로서 부적합한 것이라고 주장한다. 왜 그럴까? 기회를 평등하게 준다고 할 때 대표적인 것은 진학 또는 고용의 기회를 똑같이 주는 것이다. 자본주의 사회에서는 어떤 대학에 진학하느냐 그리고 어떤 직업을 갖느냐가 돈을 벌기 위한 중요한 수단이 되기 때문이다. 수입이 많거나 사회적 지위가 높은 직업을 보장하는 대학에 입학하거나 그러한 직업을 갖는 기회를 여성이라고 해서 또는 흑인이라고 해서 주지 않는다면 공평하지 않다. 능력을 개발하고 자신의 삶의 계획을 자유로이 추구하는 이익은 성별이나 피부색과 상관없이 누구나 가지고 있는 이익인데 그것을 제한하기 때문이다. 따라서 그 기회를 누구에게나 준다면 일단 공평한 사회라고 볼 수 있다.

의과대학을 예로 들어보자. 우리나라도 마찬가지지만 자본주의 사회에서 의사의 수입은 꽤 높다. 그래서 의과대학에 입학하

🫙 **흑인과 아프리카계 미국인**

싱어는 최근의 저서에서는 '흑인'이라는 표현 대신에 '아프리카계 미국인African American'이라는 표현을 쓴다. 영어권에서는 '흑인'이라는 말이 지니고 있는 차별적인 냄새를 없애고 객관적으로 부르기 위해 '아프리카계 미국인'이라는 말을 쓰는 추세다. 이런 표현을 정치적으로 올바른politically correct 표현이라고 한다.

기 위한 경쟁은 항상 치열하고 극소수의 사람들만이 의과대학에 진학한다. 그러나 의과대학에 입학할 수 있는 기회는 누구에게나 주어졌다. 입학할 성적만 된다면 그 사람의 피부색, 성별, 출신 성분 등은 전혀 문제가 되지 않는다. 그러므로 의사의 수입이 높다고 하더라도 그 기회는 모든 사람들에게 열려 있기 때문에 불공평하다고 생각하지 않는다.

그러나 싱어는 정말로 기회가 똑같이 주어졌느냐고 묻는다. 설명을 위해 갑돌이는 의과대학을 졸업하고 의사가 되었지만 갑순이는 갑돌이가 근무하는 병원의 청소부가 되었다고 하자. 둘의 수입은 20배까지 차이가 난다. 하지만 갑순이에게도 의과대학에 입학할 기회가 있었기 때문에 그런 불평등은 공평한 것이라고 말할 것이다. 갑순이도 의과대학에 입학할 수 있었다. 갑순이가 의과대학에 간다는데 누가 말렸는가? 여자라고 해서 시골 출신이라고 해서 의과대학에 지원할 기회를 아예 주지 않았는가? 그렇지 않다. 다만 성적이 좋지 않아 가지 못했을 뿐이다.

그러나 정말로 갑순이에게 그런 기회가 주어졌다고 말할 수 있을까? 갑순이는 성적이 좋지 않기 때문에 의과대학에 입학할 수 없었다. 그러나 왜 성적이 좋지 않았을까? 혹시 교육 여건이 좋지 않아서 그런 것은 아니었을까? 갑돌이는 서울의 강남에 있는 고등학교에 다녔다. 학교 시설과 교육 수준도 좋았을 뿐만 아니라 각종 학원에서 질 높은 과외까지 받을 수 있었다. 반면에 갑순이는 시골에 있는 고등학교에 다녔다. 학교 교육의 수준도 서울만 못했고 과외는 전혀 받을 수 없었다. 그렇다면 그 둘은 똑같은 조건에서 경쟁한 것이 아니다. 이런 형편을 아는 정부는 시골 고등학교에 대대적인 지원을 해줄지도 모른다. 학교 시설, 방과 후 학습, 온라인 과외 등에 대한 지원으로 시골 고등학교의 수준을 서울에 있는 학교와 비슷한 수준으로 끌어올리려고 노력할 수 있다. 이런 노력이 성공할지 의심스럽지만, 혹시 가능하다고 해보자. 그렇다 하더라도 집안 형편은 똑같게 만들지 못한다. 갑돌이의 부모는 물심양면으로 지원을 아끼지 않는다. 열심히 공부하라고 격려하며 필요한 참고서는 얼마든지 사주고 유능한 과외 선생의 지도를 받게 해준다. 그러나 갑순이의 부모는 갑순이가 공부하는 게 탐탁지 않다. 여자가 고등학교만 나오면 됐지 무슨 공부냐고 생각하며 갑순이가 공부보다는 집안일과 농사일을 돕기를 원한다. 용돈도 충분하지 않고 참고서나 학원은 꿈도 꾸지 못한다. 그 둘에게 주어진 조건은 처음부터 똑같지가 않다. 갑돌이와 갑순이의 경쟁은 똑같은 출발선에서 출발하는 것이 아니라 갑돌이가 한참 앞에서 출발하는 꼴이다. 이런 경기를 공평하다고 할 수 있겠는가? 갑순이 너도 열심히 공부했다면 의과대학에 갈 수 있었다고 말할 수 있는가?

정부는 교육 환경을 동등하게 하기 위해서 노력할 수는 있겠지만 가정 환경까지 똑같게 만들 수는 없다. 그러나 이스라엘의 키부츠^{qibbutz}처럼 어릴 때부터 집단생활을 하며 공동 교육을 받는다면 그런 차이까지 해소될지도 모른다. 그래도 남는 불평등이 있다. 그것은 바로 사람들은 태어날 때부터 지능지수가 다르다는 사실이다. 갑돌이는 갑순이보다 훨씬 머리가 좋기 때문에 똑같은 환경에서 똑같이 배운다고 하더라도 더 높은 성취도를 보일 것이다. 이 사실에 의해서도 둘 사이에 조건이 똑같다고 볼 수 없지 않은가? 그래서 싱어는 다음과 같이 결론을 내린다.

> 그러므로 기회의 평등이란 매력적인 이상이 못 된다. 그것은 흥미있고 수입이 좋은 직업을 추구할 능력을 타고난 운 좋은 사람에게 상을 주고, 그러한 성공을 거두기 어렵게 만드는 유전자를 가진 불운한 사람에게는 벌을 주는 것이다.
>
> 《실천윤리학》(63~64쪽)

　실제로 의사가 된 갑돌이는 청소부가 된 갑순이보다 학교, 가정 환경도 좋았을 뿐만 아니라 머리도 좋았을 가능성이 아주 크다. 학교와 가정 환경이 갖는 불리함을 보충하기 위해서 정부는 완벽하지는 않지만 어느 정도의 노력을 한다(최근 우리나라에서는 그런 불리함을 갖고 있는 학생에게 혜택을 주기 위해서 지역할당제 같은 제도를 시행하고 있기도 하다). 그러나 지능지수의 차이는 어떻게 보충할 수 있는가? 갑순이는 머리가 나쁘게 태어나고 싶어서 나쁘게 태어났을까? 그녀는 자신의 머리가 나쁜 것에 전혀 책임이 없다. 지능지수는 유전적인 것이다. 갑순이는 갑돌이와 소득이 20배 가까이 차이가 나지만 그것이 전부는 아니라고 하더라도 상당 부분은 자신이 전혀 책임질 수 없는 우연한 사실에 의해 결정된 것이다. 심하게 말하면 우리 사회는 갑돌이에게 좋은 집에서 태어났다고, 그리고 좋은 머리를 가지고 태어났다고 급여를 그렇게 많이 주는 것이다. 그런 사회를 공평한 사회라고 말할 수 있을까? 정의는 보통 공평한 분배를 뜻한다. 그렇다면 공평하게 분배되지 못하는 사회는 정의로운 사회가 아니다.

응분의 원리

잠깐! 여기서 "세상은 원래 다 그런 거 아냐?"라고 말하는 사람이 있을지 모른다. 그 말은 "세상은 원래 다 불공평한 거야"라고 말하는 것이나 똑같다. 그러나 우리는 지금 공평한 사회의 조건을 찾고 있음을 잊어서는 안 된다. 기회의 평등을 넘어서는 싱어의 논의에서, 싱어 자신은 분명하게 내세우고 있지는 않지만, 중요한 원리 하나가 전제되어 있음을 확인해야 한다. 그것은 '그럴 만하다'라는 개념을 어떻게 이해하느냐와 관련이 있다. 우리는 "너는 상을 받을 만하다" 또는 "너는 벌을 받을 만하다"라는 말을 한다. 이때의 '그럴 만하다'라는 개념은 영어로 말하면 deserve인데 우리말로 명사화하면 '응분'이 적당할 것이다. 예를 들어서 철수가 현상금이 걸린 범인을 신고했다. 그러면 철수는 현상금을 받을 응분의 자격이 있다. 또 철수가 남의 물건을 훔쳤다고 해보자. 그러면 철수는 벌을 받을 만한 응분의 책임이 있다. 그런데 철수가 장애를 가지고 태어났다고 해보자. 그렇다고 해서 철수가 남에게 비난을 받을 만한 응분의 책임이 있는가? 철수가 장애가 있다고 비난하는 사람이 오히려 부도덕하다고 비난받는다. 철수가 장애를 가지고 태어난 것은 스스로 선택한 행위가 아니므로 그것 때문에 남에게 비난받을 이유는 전혀 없기 때문이다. 우리가 태어나기 전에 삼신할미가 넌 어떤 집에, 어떤 피부색으로, 어떤 성별로, 어떤 신체적 상태로 태어나고 싶은지 선택하라고 하지 않는다. 자기가 하지도 않은 일을 가지고 남에게 비난받으면 얼마나 억울하겠는가? 마찬가지로 철수가 유색인종으로 태어난 것도 스스로 선택한 행위가 아니므로 그것 때문에 남에게 비난받을 이유가 없다. 그리고 그가 남자로 태어난 것도 스스로 선택한 행위가 아니므로 그것 때문에 남에게 칭찬받을 이유도 없다. 이것이 바로 응분의 원리다. 그럴 만할 때만 칭찬받거나 비난받아야 하는데, 자신이 선택하지 않았고 그래서 스스로 책임질 수 없는 일 때문에 칭찬받을 이유도 비난받을 이유도 없다는 것이다.

응분의 원리는 보편화의 원리처럼 많은 사람들이 도덕 원리로서 받아들일 수 있다. 내가 남의 물건을 훔쳐서 벌을 받는다고 해보자. 그러면 마땅히 받을 만한 벌을 받는다고 생각한다. 그러나 내가 여자라는 사실 때문에 차별받는다고 해보자. 그러면 그럴 만하다고 생각하는가? 내가 하지도 않은 일, 곧 나의 선택에 의해서 결정되지 않은 여자라는 사실 때문에 차별받는다는 것은 무척 억울한 일이다. 그리고 그런 일이 용인되는 사회는 공평한 사회가 아니다. 여자이거나 유색인종이거나 장애인인 사람들, 곧 소수자들은 바로 그 점 때문에 사회에서 차별받은 경험이 있을 것이다. 응분의 원리가 꼭 필요함을 몸소 체험한 것이다. 혹시 그런 차별받는 특징을 한 가지도 가지고 있지 않은 운 좋은 사람이더라도 자신이 그런 상황이라면 억울하게 생각할 것 같다는 보편화의 원리를 적용해보면 역시 응분의 원리를 받아들일 것이다. 앞서 말한 〈못생긴 얼굴〉이라는 노래는 다음과 같이 끝난다. "못생긴 내 얼굴 맨 처음부터 못생긴 것을 어떡해." 처음부터 못생긴 것 어떡하란 말인가? 그것 때문에 차별받으면 얼마나 억울하겠는가?

앞서 인간은 이성적인 사고에 의해 나의 이익이 다른 사람의 유사한 이익보다 중요하지 않다고 인식하게 되었다고 말했다. 이때 다른 사람은 나와 가까운 사람뿐만이 아니라 인종도 다르고 성별도 다르고 신분도 다른 모든 사람을 포함한다. 그 사람이 누구든 나의 이익이 소중하다면 나와 유사한 그 사람의 이익도 소중하다고 생각하는 것이 보편적이고 공평무사한 관점이다. 이 관점에는 응분의 원리가 전제되어 있다. 내가 유색인종 또는 여성으로 태어난 데에는 나의 선택이 전혀 개입되어 있지 않다. 따라서 그 점 때문에 나의 이익이 다른 사람의 비슷한 이익보다 덜 소중하게 고려되어서는 안 된다. 사람을 인종, 출신 지역, 성별, 장애 여부 등에 의해 차별하면 안 되는 것은 보편화의 원리뿐만 아니라 응분의 원리에 의해서도 설명이 가능하다.

싱어는 기회의 평등이란 운 좋은 사람에게는 상을 주고 불운한 사람에게는 벌을 주는 것이라고 말했다. 여기에도 역시 응분의 원리가 전제되어 있다. 갑순이가 가난한 집에서 머리가 나쁘게 태어난 것은 본인이 선택한 행위가 아니다. 그런 선택을 스스로 할 수도 없을 뿐만 아니라 혹시 할 수 있다고 하더라도 어느 누가 가난한 집에서 머리가 나쁘게 태어나는 선택을 하겠는가? 응분의 원리에 따르면 가난한 집에서 머리 나쁘게 태어난 것을 비난해서는 안 된다. 물론 집이 가난하다고 그리고 머리 나쁘다고 비난해서는 안 된다는 것을 부정할 사람도 많지 않을 것이다. 지금 문제가 되는 것은 분배다. 우리는 머리가 좋은 사람은 그에 상응하는 보상을 받을 만한 자격이 있다고 생각한다. 의과대학 입학 시험에 합격한 사람은 그럴 만하다고 생각하고, 의사가 돈을 많이 버는 것도 그럴 만하다고 생각한다. 입학 시험에 합격하기 위한 노력을 무시할 수 없지만, 타고난 머리와 집안 환경이 크게 작용한다. 이것은 곧 타고난 머리와 집안 환경이라는 우연적인 요소에 따라 높은 보수를 주는 꼴이다. 반대로 가난한 집에서 머리가 나쁘게 태어난 사람은 그 사실 때문에 비난을 받지는 않더라도 적은 보수를 받는다. 이것은 자신이 책임질 수 없는 사실 때문에 일종의 벌을 받는 것이라고 할 수 있는데, 이런 사실들은 응분의 원리에 어긋난다.

싱어의 결론은 인종이나 성별 그리고 더 나아가 머리가 좋고 나쁨에 상관없이 이익에 대해 똑같은 고려를 해야 한다는 것이다. 그러나 이익을 똑같이 고려해야 한다고 해서 똑같은 돈을 벌어야 한다고 주장하는 것은 아니다. 싱어가 말한 이익을 다시 생각해보자. 그가 말하는 이익은 고통을 피하고, 능력을 계발하고, 먹고 자는, 아주 기본적인, 인간이라면 누구나 누리고 싶어하고 누려야 하는 최소한의 욕구를 충족시키는 이익이다. 그런데 현

🪶 유리한 출발

자본주의 사회에서도 부자인 집에서 태어나는 것이 사회적으로 유리한 출발이라는 인식이 많이 공유되고 있다. 세계에서 빌 게이츠에 이어 두 번째로 부자인 주식 투자가 워런 버핏은 다음과 같이 말했다. "내 자식들은 능력주의를 지향하는 이 사회에서 엄청나게 유리한 출발을 했다. 거대한 부의 대물림은 우리가 평평하게 만들어야 할 경기장을 더욱 기울어지게 할 것이다." 그래서 그는 자기 재산의 85퍼센트인 35조 원을 기부하기로 했다. 그러나 이 책에서 말하는 것은 자발적인 기부가 아니라 제도적인 부의 환수다.

실에서 이런 이익들은 대체로 타고난 환경과 유전적인 지능지수와 관련이 있다. 좋은 환경에서 좋은 머리를 가지고 태어난 사람일수록 더 좋은 집에서 살며 더 잘 먹지만, 그렇지 못한 사람은 먹고 자는 것을 걱정한다. 아프리카 난민들은 굶어 죽는 고통까지 겪어야 한다. 아프리카에 태어난 것은 본인이 선택하지 않은 우연적인 것인데 그 사실 때문에 최소한의 이익도 고려받지 못한다. 그러나 인간에게 필수적인 이러한 이익은 환경 또는 유전적인 요인과 전혀 관련이 없고 누구나 가져야 하는 최소한의 것이다. 그런데도 그런 우연적 요인들에 의해 어떤 사람들은 그런 이익을 최대한 누리고 또 다른 사람들은 거의 또는 전혀 누리지 못한다. 그런 사회는 문제가 있는 사회다. 정의롭지 못하고 공평하지 못한 사회다. 그래서 싱어는 자본주의 사회에서 가장 많은 사람들에게 적용될 수 있다고 인정되는 '기회의 평등'마저도 이익에 대한 평등한 고려가 이루어지지 못한다고 생각했다.

능력에 따라 생산하고 필요에 따라 분배한다

그렇다면 싱어가 생각하는 공평한 사회는 어떤 사회일까? 이익에 대한 평등한 고려가 이루어지는 사회는 어떤 사회일까? 우리 사회에 돈은 한정되어 있다. 그래서 그 돈을 사회의 구성원들에게 어떻게 분배해야 정의로운지에 대해 학자들은 오랫동안 고민해왔다. 분배의 기준으로 일반적으로 채택되는 것은 업적이다. 내가 어떤 사람인가에 관계없이 얼마만큼 일을 했느냐에 따라 돈을 나누어 주는 것이 가장 정의롭다고 생각한다. 시험 성적을 어떻게 매기는지 생각해보라. 내가 열심히 공부했든 안했든 원래 똑똑하든 안하든 시험 결과에 따라 점수를 매기지 않는가? 이것도 업적에 따라 점수(또는 순위)를 분배하는 것이다.

카를 마르크스Karl Marx, 1818~1883는 "능력에 따라 생산하고 필요에 따라 분배한다"라는 유명한 말을 남겼다. 그는 개개인은 지능지수와 같이 타고난 능력에 따라 일을 하지만 보상은 필요에 따라 분배받는 사회가 정의롭다고 생각했다. 의사는 높은 지적인 능력을 필요로 한다. 따라서 능력이 되는 갑돌이가 의사를 하는 것이 효율적이다. 의사의 일을 갑순이에게 맡겨서는 생사람 잡을지 모른다. 갑순이의 능력을 봤을 때는 청소부가 적합하다. 그렇다고 해서 갑돌이가 더 많은 소득을 올려야 하는가? 갑돌이나 갑순이는 필요로 하는 것이 비슷하다. 갑돌이라고 해서 하루에 다섯 끼 먹지 않는다. 따라서 필요에 따라 분배해야 하므로 갑돌이나 갑순이나 똑같은 소득을 가져가야 한다. 오히려 갑순이에게 더 많은 돈을 주어야 할 때도 있다. 만약 갑순이가 한 끼 식사에 밥을 세 그릇은 먹어야 배가 부르는 체질을 가지고 태어났다면 혹은 부양해야 할 가족이 많다면 갑순이의 소득이 더 높아야 한다. 이것이 마르크스가 생각한 정의로운 사회다.

싱어는 분명 이런 사회가 정의와 효율성의 측면에서 유리하다는 것을 인정한다. 마르크스의 사회는 필요에 따라 분배하므로 각자의 이익을 동등하게 고려할 것이다. 필요는 각자의 이익에서 생기기 때문이다. 그렇다면 싱어는 마르크스주의자인가? 그렇지는 않다. 그는 소득을 필요에 따라 분배하는 데에 얼마나 많은 문

만남 · 125

제가 도사리고 있는지 잘 알고 있기 때문이다. 우선 문제되는 것은 두뇌 유출이다. 의사의 능력을 갖춘 갑돌이가 필요에 따라 분배하는 사회에서 살려고 할까? 그는 능력에 따라 소득을 분배하는 나라에 가면 의사들이 상당한 수입을 올린다는 것을 잘 알고 있다. 그러면 갑돌이뿐만 아니라 지적인 능력이 많이 요구되고 높은 소득이 보장되는 직종에 종사하는 사람들이 그런 나라로 이민을 가리라는 것은 불 보듯 뻔하다. 현실 사회주의 국가들(과거의 소비에트 연합 같은 국가들)에서는 이런 일을 막으려고 국민들을 감시했다. 앞에서도 말했지만 이것은 자유라는 소중한 가치를 말살하는 것이므로 그런 사회주의는 아무런 가치도 없다.

만약 세계의 모든 나라가 필요에 따라 분배한다고 해보자. 그러면 갑돌이가 더 높은 소득을 위해 갈 나라는 없다. 그래도 이 사회는 심각한 문제에 빠진다. 누가 그런 사회에서 의사가 되려고 열심히 공부하겠는가? 의사가 되려면 수년을 밤 새워 공부해야 하고 혹독한 수련 기간을 거쳐야 하는데, 청소부만 되어도 소득이 똑같다면 누가 의사가 되겠는가? 그러나 이 점에 대해서 싱어의 생각은 약간 다르다. 그는 "이런 가정을 지지하는 어떤 증거가 있는지 알지 못한다"(《실천윤리학》 66쪽)고 말하며, 오히려 의사 또는 교수의 월급이 청소부의 월급과 같다고 하더라도 분명히 의사가 되려는 사람들이 있을 것이라고 생각한다. 그 자신도 교수가 되기 위해 열심히 공부했지만 그 시절은 오히려 즐거웠다고 회상한다.

여기서 누구의 말이 맞을지는 알 수 없다. 의사의 소득이 특별히 많지 않다면 "나 의사 안 하고 청소부 할래"라고 생각하는 사람도 있을 것 같고 그래도 의사가 되겠다는 사람도 있을 것 같다. 싱어는 후자의 사람들이 훨씬 더 많을 것이라고 믿는다. 하지만 소득이 능력보다는 필요에 기초해야 한다는 마르크스의 제안에는 제한 조건이 하나 있다고 말한다.

> 돈을 많이 벌 수 있을 것이라는 전망이 때때로 사람들이 자기가 가진 능력을 사용하는 데 더 큰 노력을 기울이게 하고, 이러한 노력이 환자나 소비자나 학생이나 전체로서의 공중에 이익이 될 수 있다는 사실을 인정해야만 한다. 그러므로 노력에 대하여 보상할 필요가, 다시 말해서 그들의 능력이 어떠하든간에 그들의 능력의 상한선 가까이까지 일하는 사람들에게 보다 많은 돈을 지불할 필요가 있을 것이다.
>
> 《실천윤리학》(66쪽)

그가 정의롭다고 생각하는 사회는 마르크스가 꿈꾼 대로 전적으로 능력에 따라 생산하고 필요에 따라 분배하는 사회가 아니라 노력에 따른 인센티브를 어느 정도 허용하는 사회다. 싱어의 믿음처럼 갑돌이는 마르크스식 사회라고 하더라도 의사가 될지도 모른다. 그는 의사가 될 뜻도 있고 능력도 있다. 그러나 이 사회는 의사라고 해서 높은 소득을 보장해주지 않으므로 순전히 돈 때문에 의사가 되려고 하는 사람은 없다. 그러므로 의과대학 입학 경쟁률도 높지 않고 의과대학이나 그 이후의 수련 과정에서도 경쟁이 심하지 않다. 그렇다면 갑돌이는 자신이 가지고 있는 재능을 100퍼센트 발휘하려는 노력은 하지 않을 것이다. 조금만 노력해도 되는데 뭐하러 피곤하게 고생하겠는가? 그는 더 훌륭한 의사가 되어 사회에 봉사할 수 있었는데 그렇지 않게 되니 이는 공리주의의 관점에서 보더라도 마이너스다. 그래서 의사가 되려는 사람에게 자신이 선천적으로 가지고 태어난 능력을 마음껏 발휘하도록 인센티브를 부여해야 할 것이다. 물론 그 인센티브는 소득의 형태로 주어져야 한다.

좌파 싱어

이렇게 본다면 싱어는 필요에 따라 분배하기보다는 필요와 노력에 따라 분배해야 한다고 주장하는 것 같다. 마르크스처럼 전적으로 필요에 따라 분배해야 한다고 생각하는 것이 아니라 각자의 타고난 능력을 계발할 노력에 대해 보상해주어야 한다고 생각하기 때문이다.

더 많은 공공의 이익을 위해서는 분명히 청소부보다 의사가 더 높은 소득을 얻을 수 있게 해야 할 것 같다. 그러나 얼마나 많은 소득을 보장해야 할까? 아무리 많은 노력이 가미되어 있다고 하더라도 우연적인 지적 능력에 스무 배나 되는 돈을 주는 것은 불공평하다. 그렇다면 몇 배나 주어야 할까?

싱어는 이 문제에 대해 분명한 대답을 하지 않는다. 대신에 재미있는 생각을 피력한다. 의사와 청소부의 소득 차이를 19배로 줄여보자. 그러면 의사가 되려고 했던 사람이 "나 의사 안 할래"라고 하거나 의사를 하더라도 대충 노력해서 할까? 분명히 아닐

것 같다. 그러면 18배일 때는? 역시 아닐 것 같다. 그래도 모두 의사가 되고 싶어하고 그것도 열심히 노력해서 되고 싶어할 것 같다. 그럼 17배는? 16배는? …… 이런 식으로 소득의 차이를 줄여나간다면 어느 지점에서 "내가 왜 이 고생해서 의사 해?"라는 말이 나오기 시작할 것이다. 싱어는 바로 그 정도까지 소득의 분배가 이루어져야 하고 그 지점이 공평한 분배라고 생각하는 것 같다. 그게 몇 배가 될지는 잘 모르겠지만 말이다.

싱어가 제안한 분배가 이루어진 사회는 정의롭기도 하지만 효율적이기도 하다. 의사나 변호사처럼 상대적으로 너무 많은 소득을 올리는 직업이 있으면 너도 나도 그 직업을 갖기 위해 달려든다. 문제는 그런 직업에 맞는 능력도 소질도 없는 사람까지 그 대열에 합류한다는 것이다. 우리나라에서 의과대학보다 이공계 학과들의 인기가 적다거나 10년 이상씩 고시에 매달리는 고시 낭인들이 생기는 현상이 바로 그것이다. 이것은 사회적으로 굉장한 자원의 낭비다. 싱어가 의도하는 만큼 소득이 결정된다면 진정으로 의사나 변호사가 되고 싶고 그런 능력이 있는 사람들만 준비하지 않겠는가?

싱어가 타고난 능력이나 업적에 따른 보상을 공평하지 않다고 생각하는 것은 능력 또는 업적이 각자의 의사와 상관없이 결정되기 때문이다. 응분의 원리가 말하는 것처럼 각자가 아무 책임도 질 수 없고 바꿀 수도 없는 특징에 의해 자기 인생의 행복이 결정된다는 것은 분명 억울한 일이다. 그래서 그는 마르크스처럼 필요에 따른 분배를 거론하고 그것의 문제점을 극복하기 위해 노력에 따른 보상을 가미해야 한다고 말한다. 그러나 싱어는 노력도 응분의 원리에서 벗어나는 측면이 있다는 점을 간과했다. 즉, 노력도 상당히 선천적인 재능이라는 점이다. 원래부터 꿀벌처럼 부지런하게 태어난 사람이 있는가 하면 어떤 사람은 태어날 때부터 나무늘보처럼 산다. 만약 그렇다면 천성적으로 능력도 없고 게으른 사람은 싱어가 꿈꾸는 사회에서도 최소한의 필요밖에는 충족받지 못한다. 게으르게 태어난 것은 자신이 선택한 것이 아닌데 그것에 의해서 자신의 인생이 결정된다면 억울한 노릇이다. 그렇다면 싱어는 노력이라는 재능은 후천적으로 어느 정도 끄집어낼 수 있다고 본 것일까? 아니면 천성적으로 능력도 없고 게으른 사람이라도 최소한의 이익은 누리게 해주므로 괜찮다고 생각한 것일까? 후자 쪽이라고 봐야 할 것이다.

싱어는 우리 사회의 기준에서 보면 좌파다. 사회적인 불평등을 없애려고 하고, 소수자의 권익을 보호하려고 노력한다. 그는 사람들이 어떤 조건에서 태어나고 현재 상태가 어떠하든 간에 최소한의 이익은 보장받을 권리가 있고, 우리에게는 그 권리를 충족시켜주어야 할 의무가 있다고 생각한다. 그러나 현실 공산주의 사회를 옹호하는 것은 아니다. 그런 사회는 개인의 자유를 억압하는 강압적인 정부가 지배하고 있기 때문이다. 그렇다고 해서 마르크스가 꿈꾸었던 평등과 자유의 이상이 실현불가능하다고 결론짓는 것은 아니다. 그가 마르크스에게서 틀렸다고 생각하는 부분은 인간의 본성에 대한 예측이다.

마르크스는 사회의 경제적 토대가 바뀌면 인간의 본성도 바뀔 것이라고 생각했다. 그는 생산 수단이 공동 소유가 되면 인간은 더 이상 다른 사람들을 지배하거나 착취하려고 하지 않을 것이라고 생각했다. 그러나 공산주의의 역사는 그가 틀렸다는 것을 보여준다. 인간의 본성은 여전히 자기중심적인 소유욕을 지니고 있다. 어느 정도의 대가가 주어지지 않는다면 의미 있는 일이어도 하지 않으려는 사람이 많다. 그런 본성이 금방 쇠퇴하지 않으리라는 것을 싱어는 진화론에서 배운다.

그리고 진화론은 평등주의를 지향하는 인간의 본성 같은 것은 없다는 것을 알려준다. 싱어는 계층을 만들고 다른 사람보다 더 많이 가지려고 하는 경향은 인간의 일반적인 특성이고 이 특성을 무시하는 것은 비참한 결과를 초래할 수 있다고 믿는다. 그래서 그는 이렇게 말한다.

> 그렇다고 해서 계층이 있다는 것이 좋다거나 불가피하다고 말하는 것은 아니다. 계층을 없애는 것이 혁명가들이 꿈꾸는 것만큼 쉬운 일이 아니라는 것을 말할 뿐이다. 이 점이 좌파들이 고민해야 할 사실이다.
>
> 《다윈주의적 좌파 A Darwinian Left:Politics, Evolution and Cooperation》(1999, 39쪽)

'다윈주의적 좌파'는 인간 본성에 근거한 정책을 제시해야 한다. 그래서 싱어는 인간 본성에 근본적인 변화가 일어나기 전까지는 가장 절실한 필요를 가진 사람보다는 타고난 능력을 가진 사람에게 더 많은 돈을 지불할 수밖에 없다고 주장한다. 현실을 무시할 수 없으니까. 그렇다고 해도 분배에 대한 싱어의 생각은 타고난 능력보다는 필요와 노력에 훨씬 더 많은 비중을 둔다. 그는 그런 분배의 원칙이 더욱 광범위하게 인정받도록 노력하는 것이 현실적일 뿐만 아니라 올바른 것이라고 생각한다. 그런 노력이 시도되는 사회가 정의롭고 공평하다고 말이다.

만남
5

동물 해방

어디까지 공평할 것인가?

싱어가 말하는 '이성의 에스컬레이터'는 모든 사람들의 이익을 똑같이 고려해야 한다는 우주적 관점을 취하게 만들었다. 자신의 가족, 친지, 또는 같은 계급의 사람에게만 적용되던 평등의 원리는 피부색, 성별, 국적 등의 집단을 넘어 모든 인류로 확장되었다. 평등하게 고려해야 하는 이익의 내용이 무엇인지 논란이 되긴 하지만, 적어도 피부색이 다르다고 해서 또는 성별이 다르다고 해서 차별이 정당하다고 공공연하게 주장하는 사람은 거의 없어졌다.

그렇다면 그의 '이성의 에스컬레이터'는 인간이라는 종에서만 유효할까? 그의 우주적 관점은 호모사피엔스에게만 적용될까? 모든 사람의 이익을 평등하게 고려하라는 원칙을 이해하고 받아들인다면 그 원칙이 인간이라는 종에만 제한될 이유는 없지 않을까? 싱어는 자신의 이익에 대한 평등한 고려 원칙을 일관되게 적용하여 동물 해방이라는 주장과 운동을 이끌어낸다. 사람의 피부색이나 성별이 다르다고 해서 이익을 다르게 고려해서는 안 되는 것처럼 어떤 존재가 어느 동물 집단에 속하느냐를 따라 그 존재의 이익을 다르게 고려해서는 안 된다는 것이다. 사람도 동물에 포함된다. 그래서 그냥 동물이라고만 하면 사람을 제외한 동물만을 가리키지는 않는다. 하지만 싱어를 비롯한 동물 해방론자들의 논의에서도 그렇고, 이 책에서 동물이라고 할 때는 사람을 제외한 동물로 정의한다.

　그러면 그런 동물의 이익을 동등하게 고려하자는 주장은 무슨 뜻일까? 영희는 강아지 뽀삐를 애지중지 키운다. 침대에서 같이 재우고 액세서리도 달아주고 아프면 병원에도 데려간다. 동물의 이익을 동등하게 고려하자는 것은 그런 식으로 소, 돼지도 키워야 한다는 뜻일까? 여성 권리가 신장되었다는 것은 멀리는 여성에게도 선거권이 주어졌다는 것이고 가깝게는 취업에서 불이익

🏺 차별금지법

우리나라의 국가인권위원회는 2006년 7월 차별금지법안의 입법을 추진하라고 국무총리에게 권고했다. 이 법은 합리적인 이유 없이 다음과 같은 20가지 것을 이유로 개인이나 집단을 차별해서는 안 된다고 말하고 있다. 그 차별 범위는 성별, 장애, 병력, 나이, 출신 국가, 출신 민족, 인종, 피부색, 출신 지역, 용모 등의 신체 조건, 혼인 여부, 임신 또는 출산, 가족 형태 및 가족 상황, 종교, 사상 또는 정치적 의견, 성적 지향, 학력, 고용 형태, 사회적 신분이다. 특히 이 법은 피해자가 차별이 있었다는 사실을 주장하면 상대방이 그러한 행위가 없었다거나 그렇게 조치한 합리적인 이유가 있었음을 증명하도록 증명 책임을 가해자에게 부과하고 있다.

을 받지 않게 되었다는 것이다. 동물 해방은 이처럼 동물에게도 선거권을 주고 취업에서 불이익을 주지 말자는 뜻인가?

이익들에 대한 평등한 고려 원칙을 다시 생각해보자. 그 원칙을 사람들에게 적용한다고 할 때 모든 사람을 평등하게 대우해야 한다는 말은 아니었다. 모든 사람이 재산을 똑같이 나누어 가져야 한다는 주장도 아니었고 의과대학에 누구나 다 입학할 수 있어야 한다는 주장도 아니었다. 남자와 여자가 똑같은 권리를 가져야 한다고 생각하는 여성 해방론자들은 여자는 낙태를 할 권리가 있다고 주장한다. 그렇다고 해서 그들이 남자도 낙태를 할 권리가 있다고 주장하겠는가? 그것은 글자 그대로 난센스다. 마찬가지로 동물을 해방시켜야 한다고 해서 사람과 똑같이 대우해야 한다거나 동물에게도 선거권을 줘야 한다는 주장이라면 그것도 역시 난센스다. 모든 사람이 똑같아질 수 없는 것처럼 사람과 동물도 똑같아질 수는 없고, 남자가 낙태를 할 수 없는 것처럼 동물도 선거를 할 수 없기 때문이다. 모든 사람의 이익을 평등하게 고려해야 한다고 주장할 때 고려해야 하는 이익이 무엇이었는지 생각해보라. 그 이익은 고통을 피하고, 먹고 자는 기본적인 욕구를 충족시키고, 타인들로부터 불필요한 간섭을 받지 않는 것과 같은 최소한의 이익이었다. 사람들은 모두 능력이 다르고 관심사도 다르지만 이와 같은 이익들과 관련해서는 누구의 이익인지와 상관없이 공평하게 고려해야 한다. 인간들 각각의 차이보다 인간과 동물의 차이는 훨씬 더 크다. 생김새도 다르고 다리 개수도 다르고 걷는 방법도 다르며 의사소통 방식도 다르고 모여 사는 모습도 다르다. 이렇게 다른 동물이라고 해도 위와 같은 이익을 추구한다는 점에서는 똑같지 않을까? 동물이라고 해서 고통을 즐기고 배고프거나 아무 데서나 자도 괜찮으며 자유를 억압받아도 신경 쓰지 않을까? 동물도 고통을 받으면 피하고 싶어하고, 배곯지 않고 싶고, 편안한 잠자리를 원하며, 다른 존재에게 구속받으면 괴로워하지 않을까? 그런데도 우리는 동물 실험을 위해 동물을 마취도 하지 않고 해부하거나 약물을 주사하여 고통을 주고, 열악한 환경에서 대량 사육하고, 도살하여 고기로 섭취하고, 인간의 재미를 위해 동물원에 가둬놓거나 사냥을 하기도 한다. 동물 해방은 이런 문제점에서 출발한다.

일관된 확장

우리나라에서 동물 해방은 낯선 주장이고 운동이다. 애완견을 키우는 사람들은 많이 늘었지만 여전히 개고기를 먹기 위해 개를 우리에 가두어 기르고 잔인하게 죽이는 마당에 소, 돼지, 닭의 복지에 대해 이야기하는 것은 웃기는 이야기라고 생각한다. 설령 그런 문제 제기가 그럴듯하다고 생각하는 사람이었더라도 지구상에 굶어 죽는 사람들이 여전히 있고 우리 사회에도 점심을 굶는 어린이나 아무 도움도 없이 혼자 사는 노인들이 있음을 감안할 때 그런 문제는 한참 나중에 고민해야 한다고 생각한다. 동물 해방을 실천으로 옮길 때 가장 먼저 할 수 있는 일은 채식이다. 우리나라에서는 채식주의자들을 찾기도 힘들지만 있다고 하더라도 대부분은 건강상의 이유 때문이다. 동물에 대한 관심 때문에 채식을 하는 것이 아니다. 우리나라는 불교의 전통도 깊고 신자도 많다. 불교에서는 살생을 엄격히 금하기 때문에 스님들은 채식을 한다. 하지만 그것이 신자들의 생활에 반영되는 것 같지는 않다. 석가모니의 가르침은 스님들만 따르면 되고 신자들은 따르지 않아도 상관없는 것일까? 아니면 살생 금지는 필요할 때만 지키면 되는 가르침인가?

　이런 상황에서 동물 해방을 주장하는 것은 호사일까? 밥 먹고 할 일 없는 사람들의 주장에 불과한 것일까? 서구 사회에서는 동물 해방 운동의 역사도 오래 되었고, 현재도 활발하게 벌어지고 있다. 채식주의자와 채식주의 식당을 흔하게 볼 수 있으며 구내 식당이나 비행기의 식단에는 채식주의자 메뉴가 꼭 갖추어져 있다. 동물 실험은 음식 외에 인간의 이익을 위해 동물을 이용하는 대표적인 사례인데, 동물 실험 반대 운동도 활발해서 "이 화장품은 동물 실험을 거치지 않았습니다"라는 문구를 제품에 적어놓기도 한다. 동물 권리 주장은 그 과격함을 걱정할 정도로 활발하다. 피켓을 든 시위와 연좌 농성은 기본이고 동물을 학대하는 사람을 협박하거나 테러를 저지르고 그런 시설에 대한 점거와 파괴도 이루어진다.

　싱어의 동물 해방론은 이런 운동의 이론적인 배경을 제공하지만 기본적으로 철학적인 주장이

채식을 주장하는 동물 해방 운동

다. 마치 수학의 증명처럼 논리적인 논증을 통해 도달한 결론이다. 그래서 이성에 따른 토론에 동참하고 거기서 나온 타당한 결론을 받아들여야 한다고 동의하는 사람들이라면 따라야 하는 주장이다. 그 논증에 어떠한 잘못이 있다고는 얼마든지 지적할 수 있지만 아무 근거 없이 그냥 웃기는 주장이라고 비판하는 것은 합리적인 태도가 아니다. 철학자들의 지적인 호기심일 뿐이라고 치부할 수도 있지만 만약 그렇다면 그 호기심의 결과가 왜 실천적인 의미가 없는지 근거를 제시해야 할 것이다.

싱어는 동물 해방의 결론을 이끌어내기 위해 어떤 철학적인 방법을 사용할까? 그는 일관성이라는 원칙을 이용한다. 우리가 X라는 주장을 이미 받아들이고 있다고 해보자. 우리는 X라는 주장을 받아들일 때 a라는 원리를 적용했다. 그런데 a 원리는 Y라는 주장에도 똑같이 적용된다. a 원리를 X에 적용할 수 있다면 Y에도 일관되게 적용해야 한다. X를 받아들이면서 Y를 받아들이지 않는 것은 앞뒤가 맞지 않다. Y를 받아들이지 못한다면 X를 포기하면 되겠지만 그러기는 어렵다. X는 대부분의 사람들이 굳건하게 믿고 있는 주장이기 때문이다. 그렇다면 우리는 Y를 받아들일 수밖에 없다. 그게 일관적이다.

그러면 싱어에게서 X, Y, a는 각각 무엇일까? 그것은 이렇다.

X. 사람을 피부색이나 성별에 따라 차별해서는 안 된다.
Y. 어떤 존재가 사람인가 동물인가에 따라 차별해서는 안 된다.
a. 이익에 대한 평등한 고려 원칙

먼저 현대에 주장 X를 부인할 사람은 거의 없다. 여성이라고 해서 선거권을 주지 않는다거나 흑인이라고 해서 노예로 삼아도 괜찮다는 주장을 공공연하게 할 사람이 어디 있겠는가? 우리 모두는 인종 차별과 성 차별은 도덕적으로 옳지 않다고 생각한다. 그런데 왜 옳지 않은가? 그 이유에 대해 생각해본 적 있는가? 왜 피부색이 다르다고 또는 성이 다르다고 차별해서는 안 되는가? 백인은 흑인보다 더 똑똑한 것 같은데 흑인을 노예로 삼으면 왜 안 되는가? 여성은 남성보다 힘도 약한데 왜 똑같은 권리를 줘야 하는가? 사람을 인종 또는 성(性)에 따라 다르게 대우해도 괜찮다는 생각은 불과 100년 전만 해도 의심받지 않았다. 그 시절에는 인종차별과 성차별이 당연하다고 생각했고 그 이유에 대해 반성해보지 않았는데 이제는 그것들이 도덕적으로 옳지 않다는 주장을 반성 없이 받아들인다. 그러나 왜 피부색과 성에 따라 차별하면 옳지 않은가?

이미 살펴보았듯이 바로 이익들에 대한 평등한 고려 원칙 때문이다. 이익은 누구의 이익이 됐든 똑같이 고려해야 한다. 남에게 구속받지 않고 자유롭게 행동할 이익은 피부색이 검다고 해서 덜 가지고 있는 것이 아니다. 또 자신의 의사를 자유롭게 표현할 이익은 여성이라고 해서 덜 가지고 있는 것이 아니다. 그 사람의 이름이 ㄱ으로 시작하느냐 ㄴ으로 시작하느냐가 도덕적으로 관련 있는 성질이 아닌 것처럼, 그 사람의 피부색이 어떠한가나 성별이 무엇인가는 도덕적으로 관련 있는 성질이 아니다.

한 인간이 흑인이거나 여성이라는 단순한 사실만으로는 그 사

람의 지적인, 또는 도덕적 능력에 대해 추론해 낼 수 있는 내용
은 아무 것도 없다.

《동물 해방》(37쪽)

인종차별주의와 성차별주의를 넘어

자신과 같은 인종의 이익이 다른 인종의 이익보다 더 중요하
다고 생각하는 주장을 인종차별주의^{racism}라고 부른다. 그리고 자
신과 같은 성의 이익이 다른 성의 이익보다 더 중요하다고 생각
하는 주장을 성차별주의^{sexism}라고 부른다. 인종차별주의자 중에
서는 아무 근거 없이 '그냥 우리 편이니까'라는 생각으로 자신과
같은 인종의 이익을 옹호하는 사람도 있지만, 자신의 인종이 다
른 인종보다 우월하다는 근거를 제시하는 경우가 많다. 백인 인
종차별주의자들은 백인이 유색인종보다 지적인 능력에서 뛰어
나기 때문에 우월한 대우를 받아야 한다고 생각한다. 그래서 인
종 간에 지능지수 차이가 얼마나 나는지 과학적으로 연구하기도
한다. 인종차별주의는 인류 역사에 수많은 비극을 낳았다. 히틀
러의 유대인과 집시 학살 그리고 발칸반도에서 벌어진 인종 청
소도 인종 간에 우열이 있다는 신념에서 나온 것이다. 이런 비극
을 염려하는 사람들은 그 근저에 있는 인종차별주의를 증오하고
인종차별주의의 과학적인 이론적 토대를 제공하려는 연구 자체
를 인종차별적이라고 맹비난한다.

많은 사람들은 백인이 흑인보다 지능지수가 높다는 연구 결과

가 나오더라도 그것은 백인과 흑인 사이의 유전적인 차이 때문이 아니라 환경 차이 때문이라고 주장한다. 흑인이 백인보다 머리가 나쁘다고 하더라도 그것은 흑인이 백인보다 원래 머리가 나빠서가 아니라 흑인들이 처한 열악한 환경 때문에 그렇다는 것이다. 인종 간의 차이가 선천적이냐 후천적이냐, 다른 말로 자연^{nature}에 의한 것이냐 양육^{nurture}에 의한 것이냐는 논쟁은 지금도 계속되고 있다.

그런데 싱어는 인종차별주의를 비판하기 위해 꼭 유전적 가설을 공격할 필요가 없다고 생각한다. 오히려 백인이 흑인보다 선천적으로 지능지수가 높다고 하더라도 그것 때문에 인종차별주의가 올바른 이론이 되는 것은 아니라고 생각한다(이것을 보고 싱어가 백인이 흑인보다 지능지수가 높다는 사실을 받아들인다고 생각하는 사람은 이해력이 한참 떨어지는 사람이다. 그는 어디까지나 그것이 맞는다고 가정하더라도 문제가 있다는 것을 지적하려는 것이다). 거기에는 몇 가지 이유가 있다. 첫 번째 이유는 백인이 흑인보다 지능지수가 높다고 해서 모든 백인이 모든 흑인보다 지능지수가 높은 것은 아니기 때문이다. 분명히 백인보다 머리가 좋은 흑인도 있다. 이런 것을 우리는 가장자리 상황(한계 상황^{marginal case})이라고 한다. 평균으로는 백인이 흑인보다 머리가 좋을지 몰라도 가장자리에는 백인보다 머리 좋은 흑인들이 분명히 있다. 따라서 바로 이 사람이 흑인이라는 사실만 가지고서 백인보다 머리가 좋은지 안 좋은지는 단언할 수 없다.

사실 지능지수를 가지고 사람을 차별하는 것은 인종차별주의를 옹호하는 사람도 받아들일 수 없는 어마어마한 결론을 초래

한다. 백인이 흑인보다 머리가 좋기 때문에 흑인을 차별해도 된다고 해보자. 똑같은 생각을 적용해보면 백인들 중에서도 지능지수에 따라 차별을 해도 된다는 결론이 도출된다. 바로 이 점이 유전적 가설이 옳다고 하더라도 인종차별주의가 올바른 주장이 아니라는 두 번째 이유가 된다. 지능지수가 130이 넘는 사람은 지능지수가 100이 안 되는 사람을 노예로 부려도 된다는 것인가? 이런 지능지수에 따른 불평등을 받아들일 수 있는가? 당신이 백인은 흑인보다 머리가 좋기 때문에 흑인을 노예로 부려도 된다고 생각하는 백인이라고 해보자. 그러면 똑같은 이유로 당신은 당신보다 머리가 더 좋은 사람의 노예가 됨을 받아들여야 한다. 그럴 수 있는가?

지능지수에 근거를 둔 인종차별주의 역시 용납될 수 없다. 지능지수와 같은 어떤 능력이 차별의 근거가 되지 않는다면 인종차별주의자들이 기껏해야 할 수 있는 말이 "넌 나와 피부색이 다르니까 차별받아도 돼" 정도일 텐데 이것은 "넌 나와 다르니까 다르게 취급받아도 돼"라고 말하는 것밖에 안 된다.

지금 말하려는 세 번째 이유가 지능지수의 차이와 상관없이 인종차별주의가 옳지 않은 가장 큰 이유다. 그것은 바로 이익들에 대한 평등한 고려 원칙이다. 흑인이 백인보다 지능지수가 낮다고 해보자. 또는 당신이 흑인은 아니지만 지능지수가 낮은 쪽에 속한다고 해보자. 그렇다고 해서 그 흑인의 또는 당신의 이익이 머리가 더 좋은 다른 사람의 이익보다 덜 고려되어야 할 이유가 있는가? 지능지수는 이익을 고려할 때 전혀 고려할 요소가 되지 못한다. 여러 번 강조했지만 머리가 나쁘다고 해서 고통을

피하는 이익이 덜 하지 않기 때문이다. 싱어는 미국 독립선언문
을 기초한 토머스 제퍼슨Thomas Jefferson, 1743~1826의 다음 편지 글을
인용한다.

> 그러나 흑인의 재능이 어떠하든, 그것이 곧 권리를 재는 척도가
> 될 수는 없습니다. 아이작 뉴턴 경의 이해력이 다른 사람들보다
> 뛰어나다 해서 그가 다른 사람의 재산이나 신체의 주인이 될 수
> 는 없습니다.

지금 머리가 좋은 사람이 머리가 나쁜 사람보다 돈을 더 버는
것이 옳으냐를 따지고 있는 것이 아니다. 앞서 보았지만 그 문제
는 논란의 여지가 있다. 여기서는 머리가 좋은 사람은 머리 나쁜
사람을 노예로 부릴 수 있느냐만 가지고 생각해보자. 제퍼슨은
흑인 노예가 당연시되던 시대에 살았다. 그리고 현대에도 인종
차별을 반대하기 위해 흑인의 지적 능력이 뒤떨어지지 않는다는
점을 주장하는 이들이 많다. 그런 점에서 평등과 지적 능력은 관
련이 없다는 제퍼슨의 통찰은 놀랍다.
  싱어는 분명하게 강조하고 있지 않지만 인종차별주의를 반대
하는 데에는 앞서 살펴보았던 응분의 원리도 전제되어 있다. 흑
인으로 태어나는 것은 본인의 선택이 아니다. 그리고 지능지수
가 낮은 것도 본인의 선택이 아니다. 스스로 어찌할 수 없는 이
런 특성에 도덕적인 의미를 부여할 수는 없다. 자신이 책임질 수
없는 특성 때문에 자신의 이익이 제한된다면 그것이야말로 불공
평하지 않은가?

이익들에 대한 평등한 고려 원칙은 백인과 흑인의 지능지수 차이가 어떠하든 인종에 따른 차별은 옳지 않다는 것을 말해준다. 성차별주의에 대해서도 똑같이 말할 수 있다. 남녀의 경우는 인종의 경우와 달리 남자가 여자보다 지능지수가 높다는 식의 주장이 나오지는 않는다. 그 대신에 남자는 여자보다 수리 능력과 공간 지각 능력, 공격성 같은 성질에서 뛰어나다는 것을 근거로 그런 능력이나 성질을 필요로 하는 부분에서 남자를 우대하는 것을 정당화하려고 한다. 이런 식의 성차별주의에 대해 인종차별주의를 비판했던 이유와 똑같은 이유로 비판할 수 있다. 그 중 가장 중요한 비판은 역시 인간에게서 가장 중요한 이익들이 지능의 차이에 의해서 영향을 받지 않는 것처럼 공격성 등의 차이에 의해서도 영향을 받지 않는다는 것이다.

> 덜 공격적인 사람도 더 공격적인 사람과 마찬가지로 고통을 피하고, 능력을 계발하고, 적당한 음식과 주거를 가지고, 좋은 인간관계를 누리는 등의 이익을 가진다. 더 공격적인 사람이라고 해서 그들의 공격성 때문에 이러한 이익들을 더 잘 달성시켜줄 수 있는 봉급을 받거나 권력을 가져야만 할 이유는 없다.
>
> 《실천윤리학》 (61쪽)

인종 또는 성차별주의가 정당화되지 않는 또 다른 이유는 사실에서 가치가 도출되지 않는다는 것이다. 이 이유는 아주 건조한 철학적인 논증에 바탕을 둔 것인데, 이에 대해서는 4장 이슈에서 검토하기로 하자.

종^種차별주의도 넘어

 인종차별주의와 성차별주의를 받아들일 수 없는 근거를 살펴보았다. 이익들에 대한 평등한 고려 원칙에 따르면 사람을 피부색이나 성별에 따라 차별해서는 안 된다. 그런데 이 원칙을 사람이라는 종에만 적용해야 할까? 좀 더 나은 지적 능력을 소유하고 있다고 해도 한 사람이 자신의 목적을 위해 다른 사람을 이용할 수 없다고 했다. 그러면 좀 더 나은 지적 능력을 소유하고 있다고 해도 인간이 인간 아닌 존재를 착취할 권한을 부여받는 것은 아니지 않을까? 인종차별주의자들이 차별의 근거로 "넌 나와 피부색이 다르니까 차별받아도 돼"라고 말하는 것은 아무 근거도 제시하지 못한다고 했다. 그리고 차별의 근거로 제시한 지적인 능력 같은 것은 올바른 근거가 아니라고 했다. 그렇다면 인간이 인간 아닌 종을 차별하면서 "넌 나와 종이 다르니까 차별받아도 돼"라고 말하는 것 역시 아무 근거도 제시하지 못한다. 물론 인간은 인간 아닌 종을 차별하면서 지적인 능력과 같은 어떤 근거를 제시할 것이다. 하지만 그 근거를 인종차별주의와 성차별주의를 옹호하는 근거로 받아들일 수 없다면 인간 아닌 종을 차별하는 근거로도 받아들일 수 없는 것 아닐까?

 싱어는 "자기가 소속되어 있는 종의 이익을 옹호하면서 다른 종의 이익을 배척하는 편견 또는 왜곡된 태도"(《동물 해방》 41쪽)를 인종차별주의와 성차별주의에 빗대어 종차별주의^{speciesism}라고 부른다. 인종차별주의는 인종이 다르다는 이유로 차별하고 성차별주의는 성별이 다르다는 이유로 차별하는 것처럼 종차별주의는 종이 다르다는 이유로, 곧 사람이 아니라는 이유로 차별하는 것이다. 단적인 예로 우리는 같은 사람에게는 이유 없이 고통을 주어서는 안 된다고 알고 있다. 그런데 사람이 아닌 동물들에게는 동물 실험, 사육, 도살 등의 방법으로 고통을 주고 있으면서도 아무런 양심의 가책을 느끼지 않고 있다. 왜 사람한테는 그러면 안 되는데 동물한테는 그래도 되는가? 우리는 이 질문에 대해 "사람이 아니니까"라고 대답할 것이다. 싱어는 이것이 백인들이 흑인들을 차별하면서 "백인이 아니니까"라고 대답하는 것과 똑같은 차별이라고 생각한다. 그래서 우리와 같은 종이 아니라는 이유로 차별하는 것을 종차별주의라고 부르는 것이다. 만약 우리가 인종차별주의와 성차별주의가 도덕적으로 정당하지 않다고 생각한다면 똑같은 논리로 종차별주의도 도덕적으로 정당하지 않다. 인종차별주의와 성차별주의를 비판하면서 종차별주의자가 되는 것은 일관되지 못하기 때문이다.

🖐 KKK vs. KFC

대표적인 동물 권리 운동 단체이며 적극적인 퍼포먼스 시위로 유명한 PETA(동물을 윤리적으로 대하는 사람들의 모임)는 홈페이지에서 흑인 노예 시장과 소 시장의 모습, 목매달려 있는 흑인과 매달려 있는 소의 모습, 족쇄에 채워진 흑인의 모습과 사슬에 묶여 있는 코끼리의 모습 등을 나란히 보여주는 온라인 전시회를 열었다. 이 전시회는 동물의 고통이 흑인 노예들의 고통과 다를 바가 없다는 것을 보여준다. PETA 회원들은 KFC의 닭 공급업자들이 공장식 농장과 도살장에서 닭을 잔혹한 방법으로 도살한다며 종종 시위를 벌이는데 그들이 보기에는 KFC는 백인우월주의 단체인 KKK와 다름이 없다.

　동물을 차별하지 말자는 주장이 도대체 말도 안 된다고 생각하는 사람이 많을 것이다. 싱어는 이런 태도에 대해 다음과 같이 말한다.

> 이러한 태도는 동물의 이익을 진지하게 고려하는 데 대한 대중적인 편견을 반영하고 있다. 이러한 편견은 흑인 노예들의 이익을 진지하게 고려하는 데 반대한 백인 노예 소유주들의 편견보다 더 나은 근거를 갖지 못한다. 우리의 아버지 세대가 스스로 벗어났던 우리 할아버지 세대의 편견을 우리가 비판하는 것은 쉽다. 그러나 우리가 견지하는 신념과 가치들로부터 거리를 유지하며 냉정하게 자신의 편견을 찾아내는 것은 더욱 어렵다. 지금 우리에게 필요한 것은, 그 문제에는 관심을 둘 필요가 없다라는 섣부른 가정을 버리고, 논의를 따라서 논의가 이끄는 대로 기꺼이 따라가는 것이다.
>
> 《실천윤리학》(82쪽)

　그래서 논의가 이끄는 결론을 받아들일 수밖에 없다면 우리는 지금까지의 편견을 버려야 한다. 그것이 이성적인 자세다.

선구자, 벤담

　이익에 대한 평등한 고려 원칙을 인간 종 바깥에까지 적용한 사람은 싱어가 처음이 아니다. 공리주의자 벤담은 흑인 노예가

인정되던 시기에도 다음과 같은 선구자적인 발언을 했다.

폭군이 아니라면 그 누구에게도 빼앗기지 않을 권리를 인간 아
닌 동물이 획득하게 될 날이 올지도 모른다. 프랑스 사람들은
피부색이 검다는 이유로 어떤 사람을 멋대로 괴롭혀서는 안 된
다고 생각하며, 괴롭힘으로 인한 피해를 단지 피부색이 다르다
고 방치하면 안 된다는 사실을 이미 깨닫고 있다. 설령 다리의
숫자, 피부에 털이 있는지의 여부, 또는 뼈의 모양 등에서 차이
가 있다고 하더라도 그러한 차이가 감각을 느낄 수 있는 존재의
고통을 방관하는 이유가 될 수 없음을 깨닫게 될 날이 올지도

모른다. 그렇다면 차별을 정당화할 수 있는 특징은 무엇이겠는가? 이성 능력인가? 그렇지 않으면 담화 능력인가? 하지만 완전히 성장한 말이나 개는 갓난아이 또는 태어난 지 일주일이나 한 달이 지난 아이보다도 훨씬 합리적이다. 또한 우리는 어린아이들에 비해 그들과 훨씬 원활하게 의사소통을 할 수 있다. 하지만 설령 그들의 능력이 우리가 생각하는 바와 다르더라도 무슨 상관이 있겠는가? 문제는 그들에게 사고할 능력이 있는가, 또는 말할 수 있는가가 아니다. 문제는 그들이 고통을 느낄 수 있는가이다.

이것은 《도덕과 입법의 원리 서설》의 17장 4절의 주석에서만 언급되었기 때문에 동물 해방에 대한 벤담의 생각을 더 자세하게 들여다볼 수는 없다. 다만 여기서 벤담이 어떤 존재를 평등하게 고려해야 한다고 할 때 어떤 특징을 거론했는가에 주목해야 한다. 어떤 존재를 만났다고 하자. 그 존재를 평등하게 고려해야 할지 안 해도 될지 고민한다. 그때 그 존재의 어떤 특징을 기준으로 판단해야 할까? 벤담이 제시한 답은 바로 고통을 느낄 수 있는 능력이다. 수학 계산을 할 수 있는가 또는 말을 할 수 있는가를 보고 그 존재를 평등하게 고려할지 판단할 것이 아니라 고통 또는 즐거움을 느낄 수 있는가가 그 기준이 되는 것이다.

　비록 동물 해방에 관한 벤담의 언급이 짧기는 하지만 그가 밀과 달리 쾌락의 양을 강조한 공리주의자였음을 돌이켜 생각해 본다면 위와 같은 주장을 이해할 만하다. 밀 같으면 사람이 칼에 베이는 것과 돼지가 칼에 베이는 것은 질적으로 다르다고 할 것이다. 어떻게 사람이 아픈 것과 돼지가 아픈 것이 같다는 말인가? 그러나 벤담은 아프면 다 아픈 것이지 그 아픔이 누구의 아픔인가는 전혀 중요하지 않다고 생각한다. 물론 사람과 돼지가 칼로 똑같은 길이와 깊이만큼 베어도 돼지가 덜 아플 수는 있다. 그 경우 사람의 아픔을 먼저 고려하는 것은 당연한데 그 이유는 사람이 겪는 아픔의 양이 더 많기 때문이지 그 아픔의 소유자가 사람이기 때문은 아니다. 사람이나 돼지나 똑같은 양의 아픔이라면 평등하게 고려해야 할 것이다. 어떻게 사람과 돼지의 아픔이 같단 말인가? 이렇게 생각하는 사람은 피부가 검은 사람의 아픔도 우리의 아픔과 같다는 것을 이해하지 못하는 인종차별주의가 생각하는 방식에서 한 걸음도 더 나아가지 못한 것이다.

앞의 인용문에서도 잠깐 언급했지만 동물의 이익을 똑같이 고려해야 한다고 말하는 벤담은 당연히 흑인 노예제를 반대한다. 그런데 보통 공리주의는 노예제를 찬성한다는 비판을 받는다. 앞에서 공리주의에 대해 이야기하면서 무고한 사람이라도 공개 처형을 하는 것이 국가 전체로 봐서 훨씬 이익이라면 공리주의자는 그 공개 처형을 찬성할 것이라고 말했다. 마찬가지로 노예제도를 운영하는 것이 사회 전체적으로 볼 때 이익이라면 공리주의자는 노예제도를 찬성할 것이라고 생각할 수 있다. 비록 노예가 되는 사람들은 고통을 받겠지만 노예 소유주나 다른 시민들의 행복이 그것을 훨씬 능가한다면 공리주의에서는 노예제도가 허용될 수도 있을 것이다. 이런 점 때문에 공리주의는 정의롭지 못한 윤리 이론이라고 비난을 받는다. 그러나 원조 공리주의자인 벤담은 노예제를 반대한다. 아마도 그것은 이익들에 대한 평등한 고려 원칙 때문일 것이다. 자신의 신체가 다른 사람의 재산이 되어 기본적인 자유를 누리지 못하는 것은 다른 어떤 행복에 의해서도 상쇄될 수 없는 크나큰 고통이다. 그런데 이 고통에서 벗어나고 싶다는 이익을 무시하는 것은 노예의 이익을 노예 소유주의 동등한 이익과 평등하게 고려한 것이 아니게 된다. 벤담은 "모든 사람은 하나로 계산되며 어느 누구도 하나 이상으로 계산되지 않는다"고 말했는데 노예제는 노예의 이익을 하나 이하로 간주하는 셈이므로 도덕적으로 허용될 수 없다. 앞에서도 말했지만, 이런 점에서 볼 때 공리주의자라고 해서 "다른 사람을 재산으로 삼지 말아라"라든가 "어떤 존재에게 이유 없이 고통을 주지 말아라"라는 기본적인 규칙을 인정하지 않는 것은 아니다.

평등 고려의 경계선

싱어도 벤담의 이런 생각을 그대로 따른다.

> 만일 한 존재가 고통을 받는다면, 그러한 고통을 고려하지 말아
> 야 할 도덕적 이유가 없다. 그 존재가 어떤 성질을 가졌든 간에
> 평등의 원칙은 그 존재의 고통을 어떤 다른 존재들의 비슷한 고
> 통과 동등한 것으로 볼 것을 요구한다. 만약 한 존재가 고통이
> 나 행복이나 즐거움을 겪을 수 없다면, 고려해야 할 것은 아무
> 것도 없다. 이러한 것이 타자의 이익을 고려할 때 감각[sentience]이
> 라는 경계선이 유일한 옹호 가능한 경계선이 되는 까닭이다. 지
> 능이나 합리성과 같은 특징을 이러한 경계선으로 삼는 것은 자
> 의적인 일이 될 것이다. 지능이나 합리성을 선택한다면 피부색
> 과 같은 다른 특징들을 선택하지 않을 이유가 어디에 있겠는가?
>
> 《실천윤리학》 (84쪽)

감각은 고통을 겪거나 행복이나 즐거움을 누릴 수 있는 능력
을 말한다. 그것이 어떤 존재의 이익을 고려할지 말아야 할지 나
눠주는 경계선이 된다. "고통이나 즐거움을 향유할 수 있는 능력
은 적어도 이익을 갖는 것의 전제 조건"(《동물 해방》 43쪽)이다.
따라서 공평하게 생각하는 이성의 에스컬레이터는 인간 종을 넘

어 고통을 느끼는 모든 존재에게까지 옮겨가야 한다.

감각이 평등한 이익 고려의 경계선이 되기 때문에 많은 동물은 이 경계선 안으로 들어온다. 돌과 같은 무생물은 당연히 이 경계선 밖에 있다. 내가 돌을 발로 찬다고 해서 돌이 아프겠는가? 그러므로 돌에게는 우리가 고려해야 할 아무 이익도 없다. 간혹 무생물에도 의식이 있다고 주장하는 사람들이 있다. 만물에는 영혼이 깃들어 있다는 고대 사회의 사고방식을 말하는 것이 아니다. 가령 현대에도 물에 감사나 불쾌의 의식이 있어서 물에 대고 "고맙습니다"라고 말하면 물의 결정이 예쁘게 형성되고 "바보야!"라고 말하면 예쁘지 않게 형성된다고 주장하는 사람들이 있다. 그러나 이런 주장은 과학적인 입증이 불가능한 사이비 과학일 뿐이다.

동물도 고통을 느낄 수 있다는 말을 듣고 그 말에 반대할 사람은 많지 않다. 동물에게 고통을 주는 대표적인 사례는 동물을 음식으로 먹는 것이다. 먹기 위해서는 죽여야 하는데 그 과정에서 고통이 수반될 수밖에 없다. 그래서 동물도 고통을 느낄 수 있다는 것을 받아들이는 사람들도 거기서 따라나오는 결론은 선뜻 받아들이지 못한다. 이때 몇몇 사람들의 반응을 보면 "그러면 식물도 고통을 느끼는데 왜 식물은 먹느냐"는 대꾸를 많이 한다. 식물도 동물도 모두 고통을 느끼는데 왜 동물을 먹는 것만 도덕적이지 못하느냐는 것이다. 그런데 식물이 정말로 고통을 느낄까? 무생물에도 의식이 있다고 주장하는 사람들보다 더 많은 수의 사람들은 식물에도 의식이 있다는 주장을 한다. 예를 들어 꽃에 아름다운 음악을 들려주었을 때와 시끄러운 음악을 들려주었을 때 성장하는 속도가 다르다는 식이다. 그러나 이런 주장도 물에 의식이 있다는 주장만큼이나 과학적으로 입증되지 않았다. 식물에는 동물처럼 중앙 집중적으로 조직화된 신경체계가 없기 때문에 고통을 느낄 수 없다. "꽃을 꺾으면 아파"라고 말하는 사람도 있지만 그것은 어디까지나 비유적인 표현일 뿐이다. "이 시계가 운다"라고 말할 때 시계가 정말로 운다고 생각하는 사람은 어린아이를 제외하고는 없다. 꽃을 꺾으면 정말로 아프다는 생각은 유아적 사고일 뿐이다.

동물도 고통을 느끼는가

　동물을 먹는 것은 부도덕하다는 결론을 받아들이지 못하는 사람 중에는 동물이 정말로 고통을 느끼느냐고 묻는 사람도 있을 것이다. 동물은 고통을 느끼지 못한다고 생각한 사람 중에 대표적인 사람이 르네 데카르트René Descartes, 1596~1650이다.

마음이 없는 동물은 '자동 기계'라고 주장한 르네 데카르트.

　그에 따르면 몸과 함께 마음은 인간을 구성하는 중요한 특징이고 마음이 생각을 수행하게 한다. 따라서 마음이 없는 동물은 생각도 할 수 없고 느끼지도 못하는 자동 기계라고 생각했다. 개를 발로 차면 분명히 고통스러워 할 것이다. 데카르트도 분명히 그런 모습을 보았을 텐데 개가 아픔을 못 느낀다고 생각했을까? 그는 개가 깽깽거리는 것은 시계가 움직이면서 째깍째깍거리는 소리나 마찬가지라고 여겼다. 시계가 아프다고 말하는 것이 웃기는 것처럼 개가 아프다고 말하는 것도 데카르트에게는 웃기는 소리였다.

　데카르트는 몰랐지만, 동물도 아픔을 느낀다는 것은 너무 당연한 사실이다. 말을 못하는 갓난아이가 울고 있다. 그 아이가 아프다는 것을 어떻게 아는가? 그 아이의 고통스러워 하는 표정과 울음소리로 안다. 어느 누가 그 아이가 내는 울음 소리를 사실 시계의 톱니바퀴가 돌아가면서 나는 소리나 마찬가지라고 말하겠는가? 내 친구가 압정에 손을 찔려서 괴로워한다. 그가 아프다는 것을 어떻게 아는가? 그 친구의 마음속에 들어가볼 수도 없는데 아프다는 것을 어떻게 아는가? 정말 아프기나 한 것일까?(이것은 철학에서 '다른 사람의 마음 문제'라고 부른다. 그 친구가 거짓말하고 있다는 것이 아니라 아프다는 행동은 분명히 관찰 가능하지만 거기서부터 아픔이라는 정신적 사건을 추론하는 것이 타당한가 하는 물음이다) 당연히 그 친구의 행동을 보고 아프다는 것을 안다. 압정에 찔렸을 때 얼른 손을 빼고 몸을 움츠리며 "아야!"라는 소리를 지르는 것을 보고 추측을 한다. 나도 압정에 찔렸을 때 그런 식으로 행동을 하는데 그때 몹시 아팠다. 저 친구도 내가 아팠을 때와 같은 방식으로 행동을 하는 것을 보니까 틀림없이 아프다. 눈에 보이는 행동으로부터 눈에 보이지 않는 아픔을 추론해내는 것은 일부 회의주의 철학자들을 제외하고는 아무도 의심하지 않는다.

이와 똑같은 방식으로 동물이 아프다고 생각할 수 있다. 나도 누군가에게 발로 차인다면 고통스러운 표정을 짓고 신음 소리를 낸다. 그래서 발로 차인 저 개도 고통스러운 표정을 짓고 깨갱거리는 것을 보니까 아픈 모양이구나 하고 생각한다. 사람의 경우 행동으로부터 아픔을 추론하는 것이 정당하다면 동물의 경우도 행동을 보고 아픔을 느낀다고 추론하는 것이 정당하다.

동물이 아프다는 사실은 이런 식의 유비 추론뿐만 아니라 신경학적·진화론적 증거에 의해서도 입증된다. 젖먹이동물이나 새는 말할 것도 없고 모든 등뼈동물에게는 인간과 비슷한 신경 메커니즘이 있어서 거기서 고통이 생긴다는 것을 신경학 연구는 알려준다. 그리고 진화론 연구는 인간의 신경체계 중에서 고통을 느끼는 부분은 우리가 젖먹이동물로 진화하기 전부터 있었다는 것을 알려준다. 이것은 고등동물인 등뼈동물들의 신경체계가 기본적으로 비슷하다는 것을 말한다.

그러면 모든 동물이 다 고통을 느낄까? 일부 민등뼈동물의 몸속에서 아편제제가 발견되었다고 한다. 아편제제는 큰 부상에서 오는 고통을 누그러뜨리는 작용을 하는데 고등동물에서 발견되는 것이다. 만약 고통을 느끼지 못한다면 고통을 누그러뜨리는 물질이 왜 필요하겠는가? 그래도 젖먹이동물처럼 인간과 비슷한 행동 양식을 보여주는 동물과 달리 하등동물은 정말로 고통을 느끼는지 확신할 수 없다. 이런 동물의 고통에 대해서는 싱어가 어떤 태도를 취하는지 나중에 말하겠다.

우리가 실험이나 식용의 대상으로 삼는 동물들이 고통을 느낀다는 것은 의심의 여지가 없다. 물론 동물은 인간보다 고통을 느끼는 정도가 덜할지도 모른다. 두꺼운 피부를 가지고 있는 소나 말의 엉덩이를 손으로 힘껏 쳐도 간지럽기만 할 것이다. 또 사람은 동물보다 미래에 대한 기대 능력이나 현재 상황의 파악 능력이 더 뛰어나기 때문에 똑같은 상황인데도 훨씬 더 공포를 느낄 것이다. 닭은 옆의 동료 닭이 하루에 한 마리씩 잡혀가도 아무일 없다는 듯이 돌아다니겠지만(클레이 애니메이션 〈치킨런Chicken Run〉(2000)에 나오는 닭들은 똑똑하다. 그러나 그건 어디까지나 픽션!) 인간이라면 극도의 공포에 사로잡힐 것이다. 싱어가 그런 점을 부인하는 것은 아니다. 동물 해방을 주창할 때는 동물의 그런 사소한 고통이 아니라 엄청난 양의 고통을 염두에 둔다. 동물 도살이나 동물 실험이 동물들에게 어느 정도의 고통을 주는지 생각해보라.

인간과 똑같은 양의 고통인데도 또는 훨씬 더 큰 고통인데도 우리 인간 종의 고통을 동물의 고통보다 더 중요하게 생각하는 것을 종차별주의라고 부르는 것이다.

인간과 동물의 차이

싱어의 논의가 성공적이라면 동물은 도덕의 영역 속에 들어오게 된다. 어떤 사람의 피부색이나 성별과 상관없이 그의 이익을 평등하게 고려해야 하는 것처럼 어떤 존재가 어느 종에 속하느냐와 상관없이 그 존재의 이익을 평등하게 고려해야 한다. 인간과 동물을 공평하게 고려해야 한다는 이런 주장을 여전히 수긍

하지 못하는 사람들이 많을 것이다. "사람과 동물이 같다는 것이 말이 되는가? 예의 없는 사람에게 '이 금수 같은 놈아!'라고 말하는데 그러면 인간이 금수와 같다는 말인가?" 이렇게 말하는 사람은 지금까지 논의를 전혀 이해하지 못했거나 오해한 것이다. 인간과 동물은 당연히 같지 않다. 벤담이나 싱어가 말하는 것은 인간과 동물은 고통을 느낄 수 있다는 점에서 같다는 것일 뿐이다. 인간과 동물이 같지 않은 것은 인간끼리도 서로 같지 않은 것이나 마찬가지다. 인간끼리 서로 같지 않지만 평등하게 고려해야 하는 이유는 그들이 모두 고통을 피하는 이익을 가진다는 점 때문이었는데, 동물도 바로 그 이익을 가지기 때문에 종에 상관없이 그 이익을 평등하게 고려해야 하는 것이다.

그래도 여전히 인간과 동물은 다르다고 주장한다고 해보자. 그 다름을 보여줄 수 있는 방법은 인간에게는 있는데 동물에게는 없는 어떤 특성 p를 제시하는 것이다. 흔히 인간은 이성적으로 사고할 수 있는데 동물은 할 수 없다거나 인간은 언어가 있는데 동물은 없다고 말한다. 이때 이성적 사고나 언어가 그 p에 해당하는 것들이다. 이런 주장에 대해 벤담과 싱어가 쓰는 대처법은 그 p가 도덕적으로 의미 있는 특성이 아니라는 것이었다. 벤담이 말한 것처럼 도덕적으로 의미 있는 특성은 어떤 존재가 이성적으로 사고할 능력이 있는가 또는 대화를 나눌 능력이 있는가가 아니라 그들이 고통을 느낄 수 있는가다. 물론 이성적인 사고를 하는 존재가 그렇지 못한 존재보다 고통을 더 잘 느낄 수 있다.

벤담이나 싱어는 고통의 양이 똑같을 때 인간이라고 해서 우선 고려해서는 안 된다는 것이지 사람의 고통이 더 큰데도 그것을 무시하자는 것은 아니다. 사실 이성적인 사고를 할 줄 몰라서 고통을 더 크게 느끼기도 한다. 동물을 보호하기 위해서 붙잡았을 때 동물은 자신을 지금 보호하기 위해 붙잡았는지 죽이려고 붙잡았는지 구분할 줄 몰라서 훨씬 더 공포를 느낀다. 이성이 있다면 상황을 얼른 파악해서 편안함을 느낄 텐데 말이다. 인간과 동물의 고통의 양을 비교하는 일이 쉽지는 않다. 그러나 중요한 것은 동물에게 가해지는 엄청난 고통이 분명히 있다는 사실이다. 그것만이 도덕적으로 의미 있는 특성이다.

응분의 원리에 의해서도 p와 같은 특성은 도덕적인 의미가 없다. 어떤 존재가 이성적으로 사고할 수 있는지 또는 대화를 할 수 있는지는 그 존재가 선택한 능력이 아닌데 그런 능력에 의해 차별을 받는 것은 도덕적으로 올바르지 않기 때문이다. 여러분이 세상에 태어나기 전에 사람으로 태어날지 돼지로 태어날지 선택할 수 없지 않은가? 똑같이 고통을 느끼는데 돼지로 태어났다는 우연한 사실 때문에 그 고통이 무시된다는 것은 응분의 원리에 어긋난다.

벤담과 싱어가 쓰는 또 하나의 대처법은 가장자리 상황을 지적하는 것이다. 앞서 백인이 흑인보다 지능지수가 높기 때문에 백인이 흑인보다 우월하다고 주장하는 백인 인종차별주의자들에 대해 설령 그 근거가 맞다고 하더라도 흑인보다 지능지수가 낮은 백인도 많다는 가장자리 상황을 지적했었다. 사람이 동물보다 우월하다고 제시하는 특성들에 대해서도 마찬가지의 가장자리 상황을 지적할 수 있다. 사람과 동물을 구분해주는 특성이라고 거론되는 것들로는 다음과 같은 것들이 있다.

사실 사람과 동물을 구분해주는 가장 중요한 특성은 겉모습이다. '사람처럼' 생겼으니까 사람과 동물이 구분될 것이다. 그러나 겉모습이 사람처럼 생겼다고 해서 그것이 동물보다 우월하다는 증거가 되는가? 백인이 피부가 하얘서 흑인보다 우월하고 남성은 남성처럼 생겨서 여성보다 우월하다고 말할 수 있는가? 겉모습은 동물이 차별받아도 되는 근거가 될 수 없다.

위에서 열거한 특성들을 보자. 대부분의 사람들은 위와 같은 특성들을 가지고 있다. 그러나 모든 사람들이 가지고 있는 것이 아니라 대부분의 사람들이 가지고 있다. 사람 중에 갓난아이나 심각한 정신적인 장애를 가지고 있는 사람, 혹은 식물인간은 지능지수도 높지 않고 언어와 도구도 사용할 줄 모르며 자의식과 자율성도 없다. 인간이 동물보다 평균 지능지수가 높은 것은 사실이지만 인간 중에는 장애 등의 이유로 동물보다 지능지수가 낮은 사람이 분명히 있다. 사람이 동물보다 지능지수가 높기 때문에 동물보다 우월하다고 주장하는 사람들은 이런 사람들을 어떻게 처리해야 한다고 생각할까? 지능지수가 낮으므로 우리가 지금까지 동물을 대하듯이 대해도 괜찮다고 생각할까? 다시 말해서 우리에 가두어 기르고, 우리의 입맛을 위해 죽여서 먹기도 하고, 풀어놓고 사냥을 하고, 실험의 대상으로 삼아도 된다고 할까? 아주 일관적인 사람이라면 이런 엽기적인 상황까지 받아들이겠지만 현대에 와서는 그런 생각은 용납되지 않는다. 거꾸로 위에서 열거한 특성들을 가지고 있는 동물도 있다. 침팬지나 돌고래는 지능지수도 높고 나름대로의 의사소통 방식이 있다고 알려져있다. 도구를 사용할 줄 아는 동물은 더 많다. 그렇다고 해서 사람들이 이런 동물들을 인간에게 대하는 도덕적인 기준을 가지고 대하는가? 여전히 우리는 침팬지를 동물 실험의 대상으로 이용하고 참치를 잡기 위해 돌고래까지 죽이고 침팬지와 돌고래를 동물원에 가둬서 기른다. 비일관적이지 않은가?

　어떤 사람들은 가장자리 상황에 있는 인간들은 비록 동물과 구분되는 인간의 특성을 '실제로' 가지고 있지는 못하지만 '잠재적으로'는 가지고 있다고 말한다. 정말로 갓난아이는 '사람다운' 지능지수를 가지고 있지도 못하고 언어 사용도 못하지만 성장함에 따라 그런 특성을 갖추게 될 것이다. 분명히 그런 특성을 가질 가능성이 있다. 그러나 장애가 있는 사람이 그런 특성을 가질 가능성이 있는가? 그들은 그런 특성을 잠재적으로도 가지고 있지 못하다. 그렇지만 갓난아이는 '정상적인' 사람이 될 가능성이 있다. 그러나 그것은 어디까지나 가능성일 뿐이다. 인간이 될 잠재적 가능성이 있다고 해서 인간이 갖는 권리를 고스란히 갖는 것은 아니다. 싱어는 이것을 설명하기 위해 "찰스 황태자가 영국의 잠재적 왕이지만, 그가 현재 왕의 권리를 가지고 있는 것은 아니다"(《실천윤리학》189쪽)라는 예를 든다. 분명히 찰스 황태자는 영국의 현재 왕이 아니므로 왕의 권리는 없고 왕으로 대우해주지도 않는다. 그러나 어차피 찰스 황태자는 왕이 될 사람이므로 왕처럼 대우해주는 사람이 있을지도 모르겠다. 그런 점에서 "○○○는 유력한 대통령 후보지만 그가 현재 대통령의 권리를 가지고 있는 것은 아니다"라는 예가 잠재적 권리는 실질적인 권리와 다르다는 주장을 더 잘 이해하게 할 것 같다. 또는 "의과대학생은 잠재적 의사지만 의사의 권리는 가지고 있지 못하다"도 도움이 된다. 의과대학생은 대부분 언젠가 의사가 되겠지만 그래도 의료 행위를 하면 불법이 된다.

결국 가장자리 상황에 있는 인간들까지 보듬을 수 있는 방법은 "우리와 같은 인간이니까"라고 말하는 것밖에 없다. 사실 비록 말도 못하고 지능도 낮지만 같은 인간이니까 그들에게 애정을 보이는 것은 자연스러운 감정이고 이해할 만하다. 그러나 우리는 무엇이 자연스러운 감정인가를 묻고 있는 것이 아니라 무엇이 도덕적인가를 묻고 있다는 것을 잊지 말아야 한다. 백인이 같은 백인에게 애정과 친근감을 보이는 것은 자연스럽다. 그렇다고 해서 그것이 도덕적인가? 그렇지 않다. 또한 지역과 학교에 따른 연고주의가 그런 애정과 친근감에 근거하고 있는데 그것이 우리 사회의 발전을 가로막고 있는 장애라는 것을 우리는 잘 알고 있지 않은가? 마찬가지로 인간의 특성을 갖추고 있지 못하지만 인간 종에 속한다는 이유로 애정을 보이는 것은 인종차별주의나 성차별주의의 생각과 다르지 않다. 이 애정은 안 되고 저 애정은 된다는 말인가?

인간과 동물의 특성의 차이를 이유로 동물에 대한 차별을 옹호하는 주장은 지지되기 어렵다. 지금까지 몇 가지의 특성들을 논의하면서 자의식 또는 자율성에 대해서는 특별히 언급하지 않았다. 동물 중에서도 그런 특성을 갖춘 동물이 있는지는 확실하지 않지만, 분명 사람 중에는 자의식이 없고 자율적이지 못한 사람이 있다. 그런데 이 사실과는 상관없이 자의식과 자율성은 다른 특성들과 달리 그 특성을 갖춘 존재는 못 갖춘 존재보다 우선적으로 고려해야 할 이유가 되는 듯하다. 이 점에 대한 자세한 논의는 좀 뒤로 미루겠다.

동물의 고통

동물의 이익도 평등하게 고려해야 한다는 벤담과 싱어의 지금까지의 논변은 순전히 논리적인 것이었다. 그들은 우리가 이미 인종차별주의나 성차별주의가 그르다고 인정한다면 종차별주의도 그르다고 인정해야 일관적이라는 방법을 이용했다. 그들의 논의를 계속 따라가다보면 비록 감정적으로 동의가 되지 않더라도 그들의 결론은 부인할 수 없다. 그러나 싱어는 이런 방법만 이용하는 것은 아니다. 그는 동물이 실제로 어떤 고통을 받고 있고 그 고통이 얼마나 불필요한 것인지 그 현장을 생생하게 보여준다. 논리적 설득만으로는 사람들의 마음을 움직이기 힘드므로 심리적 설득을 병행하는 것이다.

사람들이 동물에게 고통을 주는 방식은 음식으로 먹기 위한, 그리고 모피를 입기 위한 사육과 도살, 동물 실험, 사냥, 동물원, 서커스, 로데오 등이 있다. 이 중 가장 대표적인 것은 음식으로 먹기 위한 사육과 도살 그리고 동물 실험이다. 그중에서도 보통 사람들이 일상으로 접하는 것은 음식으로서의 동물이다. 장을 보러 나가면 동물의 살코기와 뼈를 쉽게 볼 수 있고 매일 먹는 식사에서도 고기는 어떤 형태로든 거의 빠지지 않는다. 그렇지만 우리는 그 고기를 우리 밥상에 올리기 위해서 동물을 어떻게 사육했으며 어떻게 도살했는지 알지 못한다. 정육점에 진열되어 있거나 걸려 있는 고기는 분명히 동물의 사체이지만 그것을 보면서 진열장에 걸리기까지 받은 고통을 떠올리기 쉽지 않다. 그래서 싱어뿐만 아니라 동물 해방을 부르짖는 여러 책들은 동물 사육과 도살의 잔인함을 생생하게 증언한다. 열악하고 잔인한 동물 농장과 동물 실험 사진들은 그 효과를 더욱 증진시킨다.

음식으로서의 동물 : 입맛 vs. 생명

음식으로 동물을 먹는 것은 크게 세 가지 관점에서 접근할 수 있다. 첫째는 우리가 동물을 음식으로 먹었을 때 생기는 이익과 동물이 음식으로 먹혔을 때 생기는 이익을 비교해본다. 둘째, 동물을 얼마나 비참하게 사육하는지 보여준다. 셋째, 동물을 얼마나 잔인하게 도살하는지 보여준다.

첫째 관점은 인간은 어쩔 수 없이 동물을 먹을 수밖에 없지 않느냐 하는 문제다. 우리는 고기를 먹지 않고 살 수 있는가? 고기는 사람이 살아가기 위해서 반드시 필요한 영양분이 아닐까? 고기를 먹지 않고서는 살 수 없는 사람들도 있다.

에스키모인들은 식물이 자라지 않는 환경에서 살고 있기 때문

에 고기를 먹지 않으면 굶어 죽을 수밖에 없다. 따라서 죽지 않으려는 에스키모의 이익은 음식으로 먹히는 동물의 이익을 능가한다(여기서 죽지 않으려는 사람의 이익이 죽지 않으려는 동물의 이익보다 정말로 더 가치 있는 것이냐는 의문을 품을 수 있다. 그것을 인정한다면 종차별주의가 아니냐는 말이다. 이 점에 대해서는 뒤에서 설명하겠다).

대부분의 사람들은 고기를 먹지 않고서도 문제없이 살 수 있다. 동물성 단백질이 부족하지 않느냐는 의문이 있을 수 있지만 콩과 같은 식물성 단백질로 보충할 수 있다는 것을 영양학 연구는 말해준다. 또한 건강을 위해서 채식을 권장하는 의학 연구는 얼마나 많은가? 고기를 먹지 않고서도 건강하게 사는 사람이 많다는 것은 육식이 필수가 아니라는 증거가 된다. 다빈치, 톨스토이, 아인슈타인, 간디, 슈바이처 등은 평생 채식을 하면서도 위인으로 존경받은 사람들이라고 싱어와 같은 이들은 말한다. 그러나 히틀러도 채식을 했다고 하므로 채식주의자인 위인을 거론

🍶 히틀러와 채식주의자

채식주의를 폄훼하는 사람들은 다음과 같은 삼단논법을 제시하기도 한다.
- 히틀러는 채식주의자다.
- 히틀러는 악인이다.
- 따라서 채식주의자는 악인이다.

그러나 이 삼단논법은 타당하지 않다. 이 삼단논법을 제시하는 사람은 형식이 똑같은 다음 삼단논법도 받아들여야 하는데 그럴 수 없기 때문이다.
- 무솔리니는 육식주의자다.
- 무솔리니는 악인이다.
- 따라서 육식주의자는 악인이다.

왼쪽부터 머레이 로즈, 파아보 누르미, 빌 월튼, 데이브 스콧, 에드윈 모세스

하는 것은 채식주의를 옹호하기 위한 좋은 논증 방법은 아니다.

오히려 채식주의자면서 운동선수로 성공한 사람들이 건강을 위해서 육식이 필수가 아니라는 더 없이 좋은 예가 될 것이다. 싱어는 올림픽 장거리 수영 우승자 머레이 로즈Murray Rose, 핀란드의 유명한 장거리 육상 선수 파아보 누르미Paavo Nurmi, 농구 스타 빌 월튼Bill Walton, 철인 3종 경기의 데이브 스콧Dave Scott, 올림픽 400미터 허들 우승자 에드윈 모세스Edwin Moses를 그런 예로 든다 (《동물 해방》 308~9쪽). 모두 1970년대 이전 운동 선수들이라 지금은 많이 알려진 선수들이 아닌데 로즈는 수영 올림픽 3관왕이며, 스콧은 철인 3종 경기 6관왕이고, 모세스는 허들 올림픽 2관왕이다. 최근의 유명한 채식주의 운동 선수로는 윔블던 9회 우승에 빛나는 테니스 선수 나브라틸로바Martiana Navratilova가 있다. 그리고 가수 마돈나도 유명한 채식주의자인데 '세계에서 가장 섹시한 채식주의자'로 뽑히기도 했다.

결국 우리가 육식을 통해서 얻는 이익은 몸에 필수적인 영양분이 아니라 고기를 씹을 때 느끼는 입맛일 뿐이다. 대신에 희생되는 이익은 동물을 고기로 만들기 위해서 가해지는 고통이다.

입맛 대 생명! 이익들에 대한 평등한 고려 원칙에 따르면 어느 쪽 이익을 중시해야 하겠는가?

잔인한 사육

인간의 입맛과 동물의 고통의 대립보다 더 심각한 것은 고기 생산자와 동물의 고통의 대립이다. 동물을 고기로 공급하기 위해서 동물들을 얼마나 비참하게 키우는지는 잘 알려져 있지 않다. 가장 싸고 흔하게 먹을 수 있는 닭을 예로 들어보자. '닭대가리'라는 비속어가 있다. 그만큼 닭이 멍청하다고 생각하는 듯하다. 닭은 분명 젖먹이동물보다 지능지수가 낮고 새 종류에서도 까마귀나 까치보다 지능지수가 낮다고 알려져 있다.

앞에서 이익을 평등하게 고려해야 할 근거는 지능지수가 아니라 고통을 느끼는 능력이라고 말했다. 지능지수가 낮으면 고통을 예측하는 능력이나 상황 판단 능력이 떨어지는 것은 사실이지만 닭에게 주는 고통은 그런 능력이 떨어져도 충분히 느낄 만큼 너무 크고 즉각적이다.

가장 자연스러운 닭의 생태는 흙이 있는 곳에서 걸어다니며 발로 땅을 긁어 파고 흙으로 목욕을 하고 지푸라기를 모아 둥지를 모으고 날개를 활짝 펴고 날개짓을 하는 것이다. 일부 '시골닭'은 이렇게 키우기도 한다. 그러나 지금 치킨집에서 판매하는 닭을 그렇게 키웠다가는 도저히 수지타산을 맞출 수 없다. 현대의 양계장은 더 적은 인원으로 더 많은 닭을 더 빨리 사육하기 위해 좁은 공간에서 많은 수의 닭을 기른다.

미국에서는 한 사람이 수만 마리의 닭을 기른다고 한다. 그러다보니 밀폐된 닭장에서 닭 한 마리가 차지하는 공간은 300제곱센티미터밖에 안 된다. A4 용지 한 장의 넓이가 500제곱센티미터라고 하니 닭이 어떻게 살고 있는지 충분히 상상할 수 있을 것이다. 또 닭장의 바닥은 배설물 처리를 쉽게 하기 위해서 철망으로 되어 있어서 닭은 평생 쌓인 배설물에서 나오는 지독한 암모니아 냄새를 맡으면서 철망을 딛고 살아야 한다. 그런 공간에서 평생 날개 한번 펴보지 못하고 자라다보니 닭은 당연히 스트레스를 받게 된다. 그래서 주변 닭을 부리로 쪼는 나쁜 습관이 생기게 된다. 그러면 닭은 피부에 상처를 입게 되어 죽거나 심하면 전염병이 돌게 된다. 이것은 당연히 양계장 주인의 손해로 연결된다. 그러면 주인은 닭의 생활 환경을 개선할까? 그렇지 않다. 주인은 사육 환경을 개선하는 대신에 잔인하게도 닭의 부리를 잘라버리는 방법을 쓴다. 닭의 부리는 사람의 손톱이 아니라 속살과 더 비슷하다.

닭을 좁은 공간에서 대량으로 사육하다 보면 죽게 되는 닭도

처참하게 도살당한 닭

꽤 나온다. 그래도 그런 식으로 대량 사육하는 것이 풀어서 기르는 것보다 훨씬 이익이라고 한다. 이렇게 닭을 기르는 것은 순전히 이윤 때문이다. 닭은 고기와 달걀을 생산해내

는 기계로 간주되고 양계장은 거대한 공장으로 간주된다. 가령 달걀을 더 이상 못 낳는 암탉에게는 '강제 털갈이'를 시킨다. 강제 털갈이는 오래된 깃털이 빠지고 새 깃털이 자라는 자연스러운 과정을 억지로 만드는 것인데 며칠 동안 어두운 곳에서 물과 음식을 주지 않고 가두어놓는다. 그러면 암탉의 번식력이 복원되어 달걀을 어느 정도 더 낳을 수 있다. 사람들은 어떻게 하면 최대의 생산량을 올릴까만 궁리하지 그 과정에서 닭이 겪는 고통에 대해서는 전혀 무관심하다. 가끔 닭의 건강 상태를 걱정하지만 그것은 닭의 고통 자체를 걱정하는 것이 아니라 그것 때문에 닭고기의 값이 떨어질까봐 걱정하는 것이다.

돼지는 지저분한 우리 안에서 뒹굴면서 구정물만 먹고사는 것처럼 보이지만 사실은 개만큼이나 지능지수가 높다. 돼지는 자연 속에서는 지푸라기로 보금자리를 만들며 보금자리에서 꽤 떨어진 장소에 대변을 본다. 〈꼬마 돼지 베이브Babe〉라는 영화를 보면 돼지가 얼마나 영리한지 알 수 있을 것이다(실제로 이 영화에서 농부 호긴스 역을 맡은 제임스 크롬웰은 영화 촬영 후 돼지들의 지성에 감명을 받고 공장식 축산 농장에서 어떤 일이 벌어지는지 알게 되어 더 이상 육식을 하지 않기로 결심했다고 한다). 그런 돼지도 공장식 농장에서 집약적으로 감금해 기르다보니 닭처럼 스트레스가 쌓이게 된다. 그러면 돼지는 서로의 꼬리를 물어뜯는다. 역시 농장 주인은 돼지 사육의 환경을 개선하기보다는 꼬리를 잘라버리는 것으로 문제를 해결해버린다.

돼지를 대량으로 감금해서 기르면 노동 비용이 절감되는 이점도 있지만, 또 운동 부족으로 돼지의 체중이 붙게 되는 '이점'도

있다. 그러나 그 이점은 농장주에게나 이점이지 좁은 공간에서 돌아다니지 못하고 먹고 자는 일밖에 못하고 평생 동안 지루하게 지내야 하는 돼지에게는 얼마나 고통이겠는가? 또 새끼 돼지들을 어미 돼지로부터 일찍 떼어놓는데 그렇게 하면 암퇘지의 젖분비가 중단되어 금방 번식력이 생기게 된다. 젖먹이동물은 어미와 자식이 일찍 이별하게 되면 양쪽 모두가 고통을 받는다.

우리는 소가 저 푸른 초원 위에서 풀을 뜯어먹으며 평화롭게 사는 것으로 생각하기 쉽다. 그러나 적어도 미국의 경우 그런 식으로 자라는 소는 1퍼센트밖에 안 된다고 한다. 대부분의 소들은 공장식 목장에서 자란다. 소는 드러눕지도 못하고 몸을 돌리지도 못할 정도의 비좁은 공간에서 어미와 새끼를 일찍 분리하여 키운다. 소의 경우 더 잔인한 것은 값비싼 송아지 고기를 만드는 과정이다. 송아지 고기는 색깔이 연할수록 고급으로 친다. 그런데 송아지가 풀을 먹기 시작하면 그런 고기가 나오지 않는다. 그래서 인공적으로 만든 대체 우유를 먹이는데 그러다 보니 송아지는 빈혈에 걸리게 된다. 연한 핑크 빛의 송아지 고기는 사실 적혈구가 부족해서 빈혈에 걸린 송아지 고기인 것이다. 철분이 부족한 송아지는 본능적으로 자신의 털이나 심지어 배설물을 핥게 된다. 철분이 함유된 송아지 고기는 검붉은 색을 띠게 되고 그러면 좋은 값을 받지 못하므로, 농장주들은 목을 움직이지 못하게 목줄을 매어둔다.

잘 알다시피 소는 반추동물이다. 되새김질을 하기 위해서는 풀을 먹어야 하는데 공장식 농장에서는 살을 찌우기 위해서 사료를 먹인

좁은 공간에서 육골분 사료를 먹는 소

다. 싱어가《동물 해방》을 쓴 이후로 현실은 더욱 악화되었다. 소에게 다른 동물의 부산물로 만든 육골분 사료를 먹이는데 이것이 광우병의 원인으로 지목되고 있다. 농장주의 이익을 위해서 소의 자연스러운 조건마저도 거부하게 하고 그것은 결국 소에게 더 나아가서 인간에게 고통으로 돌아오는 것이다.

돼지나 소의 경우에는 거세나 낙인도 잔인하게 고통을 주는 행위다. 육질을 좋게 하기 위해서 거세를 하고 식별을 쉽게 하기 위해 살에 뜨거운 인두로 도장을 찍고 우리나라의 경우에는 코에 구멍을 뚫어 코뚜레를 만들지만 그런 행위들이 마취도 없이 이루어지는데 고통이 없겠는가?

원초적 입장에서의 선택

20세기의 가장 유명한 정치철학자라고 할 수 있는 존 롤스John Rawls, 1921~2002는《정의론A Theory of Justice》에서 원초적 입장original position 이라는 중요한 개념을 제시한다(롤스에 관한 내용은 지식인마을 시

인종·성별 등에 대해 완전한 무지 상태일 때 공정한 계약을 이룰 수 있다고 주장한 롤스

리즈 중 《정의로운 삶의 조건 : 롤스 & 매킨타이어》를 참조하라). 원초적 입장에 있는 사람들은 무지의 장막veil of igno-rance 뒤에 있다. 다시 말하면 공정한 계약을 맺으려는 사람은 자신이 어떤 사람인지 전혀 몰라야 한다는 것이다. 인종이나 성별이 무엇인지, 부자인지 가난한지, 재능이 있는지 없는지 등에 대해서 완전히 무지의 상태에 있게 될 때 자신의 이해관계를 무시하고 사람들 사이의 공정한 협력을 이룩할 수 있는 정의의 원리를 도출할 수 있다는 것이 롤스의 생각이다.

내가 흑인인지 여성인지 모르는 상태라면 흑인이나 여성에게 불공평한 계약을 채택하지 않을 것이다. 그런데 롤스의 원초적 입장에서의 계약은 인간에게 한정되어 있다. 영국의 철학자인 마크 롤랜즈Mark Rowlands는 이런 롤스의 원초적 입장 개념을 동물의 권리에까지 적용한다.

> 원초적 입장에서는 당신이 어느 종에 속하느냐 하는 인식까지 무지의 장막 뒤에 숨겨야 한다. 다시 말해 자신이 어느 생물학적 종에 속하는지 모른다고 상상해야 한다.
>
> 《동물의 역습Animal Like Us》 (2002, 117~118쪽)

롤스가 성별, 인종, 재산, 재능 등의 여부를 무지의 장막 뒤에 숨기는 이유는 그것들이 우리의 선택권에서 벗어난 것이기 때문이다. 그렇다면 우리가 어떤 종에 속하느냐도 우리가 통제할 수 있는 것이 아니므로 그것마저도 무지의 장막 뒤에 숨기고서 정의의 원리를 찾는 것이 옳다. 롤랜즈의 제안대로 우리가 어떤 종인지도 모른 상태로 이 세상이 어떠했으면 좋겠는지 선택한다고 해보자. 그런 원초적 입장에

원초적 입장 개념을 동물의 권리에까지 적용한 마크 롤랜즈

서는 나는 닭일지도 모른다. 만약 내가 닭이라면 나는 부리가 잘리고 A4 한 장도 안 되는 공간에서 날개 한 번 펴보지 못하고, 햇빛 한 번 보지 못하고 평생 살아야 한다. 나는 돼지일지도 모른다. 그러면 나는 꼬리도 잘리고 좁은 공간에서 돌아다니지 못하고 먹고 자는 일밖에 못하며 죽을 때까지 지루하게 지내야 한다. 송아지라면 역시 좁은 공간에서 빈혈에 걸린 채 움직이지도 못한다. 원초적 입장에 있는 내가 그런 세상을 선택하겠는가?

신영복 교수는 《감옥으로부터의 사색》(1988)에서 적어도 감옥살이에서는 겨울이 여름보다 낫다고 말했다. 감옥에서는 좁은 공간에서 죄수들이 모로 누워 칼잠을 자야 하는데 여름이면 더위 때문에 옆 사람을 증오하게 되기 때문이다. 우리가 닭이라면 평생을 그렇게 살아야 한다. 돼지나 소라면 목 한 번 제대로 돌려보지 못하고 살아야 한다. 그런 사회를 선택하겠는가? 그래서 롤랜즈는 이렇게 말한다.

원초적 입장에서 어떤 상황, 제도, 행동 양식을 선택하는 것이
불합리하다면, 현실 세계에서 이러한 상황, 제도, 행동 양식을
선택하는 것은 도덕적으로 잘못된 행동이다.

《동물의 역습》(178쪽)

무지의 장막 뒤의 원초적 입장 개념은 벤담과 싱어의 이익의
평등한 고려와 일맥상통한다. 이익을 측정할 때 나의 이익을 다
른 존재의 이익보다 더 중요하게 생각하지 않는 이유가 내가 그
존재일 수도 있기 때문이다. 역지사지의 정신을 동물의 영역에
까지 넓혀 어떤 사회가 바람직한지 선택해야 공평한 선택이 된
다는 생각에서는 똑같다.

동물 실험

동물을 음식으로 먹을 때 대립되는 이익은 사람의 입맛과 동
물의 고통이다. 동물이 고통받는 현실을 목격하고서 당장 채식
주의자가 되지 않더라도 우리의 입맛을 위해서 동물을 고통받게
하는 것은 바람직하지 않다고 동조하는 사람들은 꽤 있을 것이
다. 그런데 그런 사람들마저도 동물 실험의 경우에는 동물의 고
통이 어쩔 수 없고 그래서 동물 실험은 정당하다고 생각하는 경
향이 있다. 실험이 만들어내는 동물의 고통보다 실험이 덜어주
는 사람의 고통이 훨씬 더 크다고 생각하기 때문이다. 모두들 알
고 있듯이 실험이 덜어주는 사람의 고통이란 사람의 각종 질병

을 말한다. 난치병 치료를 위한 신약 개발을 위해 실험용 쥐에게 테스트를 하는 모습이 언론에 자주 보도된다. 비록 그 동물에게는 고통이 있겠지만 그 고통 때문에 덜어지는 인간의 고통은 비교할 수 없을 만큼 크기 때문에 동물 실험은 그르지 않다고 사람들은 생각한다. 한 마리의 쥐가 희생되어 천 명의 사람이 살 수 있다면 공리주의 계산에 의해서도 옳지 않은가?

이러한 동물 실험 옹호에 대해 싱어는 이렇게 반응한다.

> 동물 실험에서 인간의 이익이란 있지도 않거나 매우 불확실하다. 반면에 다른 종의 구성원들이 잃게 되는 것은 확실하고 실제적이다. 따라서 이러한 실험들은 종에 무관하게 모든 존재의 이익을 평등하게 고려하고 있지 않음을 보여준다.
>
> 《실천윤리학》(93쪽)

드레이즈 테스트Draize Test라는 것이 있다. 화장품 회사에서 샴푸, 화장품, 세정제 등의 안전성을 시험하기 위해 그 액을 토끼의 눈에 떨어뜨려보는 테스트다. 이때 토끼의 고통은 극심할 것이다. 그 실험은 3주간이나 계속된다. 어떤 이는 토끼가 고통을 못 느낄 것이라 말하기도 한다. 그렇다면 왜 토끼에게 실험을 하겠는가? 토끼가 고통을 느끼니까 사람도 고통을 느낀다는 것을 입증하려고 실험을 하는 건데, 여러분의 손을 묶고 눈에 샴푸를 붓는다고 생각해보라. 그것도 3주간이나. 반면에 이 실험을 통해서 얻게 되는 인간의 이익은 꼭 필요한 것인가? 고작 눈에 덜 따가운 샴푸가 생기는 것 아닌가? 새로운 샴푸, 화장품, 세정제가 가

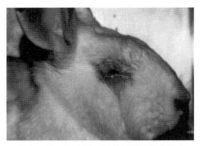
드레이즈 테스트로 인해 안구에 이상이 생긴 토끼

져다주는 이익이 토끼의 고통을 훨씬 능가한다고 주장할 사람은 아무도 없을 것이다(지금은 드레이즈 테스트를 금지하는 국가가 많아졌다).

LD50은 드레이즈 테스트와 함께 악명 높은 또 하나의 테스트다. LD50은 '50% 치사량lethal dose 50%'의 줄임말로 치약, 화장품, 종이 등의 신제품을 개발할 때 동물이 그 제품을 얼마만큼 먹어야 실험 동물의 절반이 죽게 되느냐는 실험이다. 이경우에도 분명히 절반의 실험 동물이 고통을 받으며 죽게 되고 살아남은 동물도 도살된다. 그에 비해서 인간이 얻게 되는 이익은 과연 무엇인가?

> 우리는 이미 충분한 샴푸와 식용 색소를 가지고 있다. 위험할
> 수도 있는 새로운 것을 개발할 아무런 필요가 없다.
>
> 《실천윤리학》(92쪽)

많은 사람들이 화장품 같은 거야 우리 인간에게 꼭 필요한 물품은 아니니까 그것의 개발을 위해 동물에게 고통을 주는 것은 문제가 있다는 데 공감한다. 하지만 인간의 난치병 치료를 위한 동물 실험은 다르다고 여긴다. 위에서도 말했듯이 동물 한 마리에 실험을 해서 수천 명의 사람을 무서운 질병으로부터 치유할 수 있다면 그렇게 하는 것이 공리주의적으로 옳지 않은가?

공리주의자인 벤담과 싱어는 이 질문에 대해 긍정적으로 대답할 수밖에 없을 것 같다. 그러나 싱어는 조건부로 찬성한다. "만약 어떤 실험이 수천 명의 목숨을 구할 유일한 방법이라면 실험자들은 6개월이 채 되지 않은 고아를 대상으로 실험을 행할 용의가 있는가?" 지금까지의 내용을 충분히 이해한 독자라면 왜 '6개월이 채 되지 않은 고아'에 대한 실험을 조건으로 삼는지 얼른 이해할 것이다. 6개월이 채 되지 않은 아이의 감각, 의식, 감수성 등의 능력은 성인인 동물만큼이거나 그보다 못하다. 따라서 종차별주의적 시각이 아니라면 그 아이와 동물을 도덕적으로 구별할 특성은 전혀 없다. 이런 점에서는 뇌에 이상이 있는 성인도 6개월이 안 된 아이와 마찬가지다. '고아'로 한정한 것은 부모가 있는 아이일 경우 부모가 겪을 충격까지 계산해야 하므로 문제가 복잡해지기 때문이다. 그런데 어느 누가 갓난아이인 고아나 뇌 손상이 있는 성인 인간을 실험 대상으로 삼는 것에 찬성하겠는가? 사실은 동물보다 사람이 실험 효과가 훨씬 좋을 것이다. 그래도 누가 사람에게 기꺼이 실험을 하겠는가? 도덕적으로 아무런 차이가 없는데도 왜 갓난아이에 대한 실험은 안 되고 동물에 대한 실험은 되는가? 유대인과 집시에 대한 나치의 생체 실험과 일본 731부대의 마루타 실험은 다른 인종에게 행한 실험이었다. 우리 종의 구성원이 아니라는 이유로 동물 실험을 옹호한다면 '열등 인종'에 대한 생체 실험을 강행한 나치나 일본과 무엇이 다른가?

어떤 사람들은 더 나아가 수천의 목숨을 구하는 동물 실험 같은 것은 없다고 주장한다. 의사인 레이 그릭^{Ray Greek}과 수의사인 진 그릭^{Jean Greek}은 《탐욕과 오만의 동물실험^{Sacred Cows and Golden}

Geese》(2000)과 《가면을 쓴 과학 동물실험^{Specious Science}》(2002)에서
동물 실험을 통해 얻은 결과들이 인간에게 적용되지 않을 뿐만
아니라 심지어는 위험하기까지 하다고 폭로한다. 인간과 동물은
세포와 분자 수준에서 다르며 바로 그 세포나 분자가 질병이 발
생하는 장소이기 때문에 대부분의 동물 질병이 인간에게 발생하
지 않고 거꾸로 인류의 생존을 위협하는 무서운 질병이 동물 사
이에서는 터무니없을 만큼 드물다는 것이 그들의 주장이다. 실
제로 동물 실험을 거쳤는데도 인간에게서는 심각한 부작용이 드
러난 여러 사례들이 그것을 입증해준다. 아마도 연구자들 개인
의 지적인 호기심 또는 연구비에 대한 욕심 때문에 동물에게는
참을 수 없는 고통을 주고 있다고 밖에 볼 수 없다.

사람을 죽이는 것이 왜 나쁜가

지금까지 인간이 동물을 이용하는 대표적인 두 가지 방식으로
음식으로 먹는 것과 동물 실험에 대해 설명했다. 어느 경우에나
그것 때문에 인간이 얻는 이익은 사소하거나 불확실한 것이었지
만 동물이 빼앗기게 되는 이익은 분명하고도 절실한 것이었다.
동물원, 서커스, 모피를 얻기 위한 사육도 똑같은 관점에서 바라
볼 수 있다.

그러나 지금까지 동물을 죽이는 것에 대해서는 별로 언급하지
않았다. 동물을 죽이는 것도 고통을 주는 행위에 포함되니까 따
로 설명 안 한 것 아닐까? 죽는 것은 정말로 고통스러운 과정이

므로 위에서 말한 고통이 동물에게 충분히 이익을 빼앗는 것이라면 죽음은 더 큰 이익을 빼앗을 것이다. 그러나 아무런 고통 없이 죽이는 것이 이론상 가능하다. 적어도 죽는 그 과정만 놓고 볼 때는 그러하다. 그렇다면 어떤 존재를 죽이는 것은 그 존재에게 고통을 주는 것과 별개로 다룰 수 있을 것 같다. 다시 말해서 고통의 문제와 생명의 문제를 분리하여 생각해볼 수 있을 것이다.

근본적인 문제부터 생각해보자. 우리는 사람을 죽이는 것이 나쁘다고 생각한다. 이 점에 대해서 의심하는 이들은 그리 많지 않을 것이다. 그러나 왜 사람을 죽이는 것이 나쁜가 하고 물어보면 뭐라고 대답할 것인가?

• 죽을 때 아프니까 나쁘다. 아까 말한 것처럼 지금은 인간 생명의 가치에 대해서만 말하고 죽음에 수반되는 고통에 대해서는 언급하지 말자. 곧 고통 없이 죽인다고 할 때 그것이 왜 옳지 않은가?

• 생명을 빼앗으므로 나쁘다. 이러면 다시 왜 생명을 빼앗는 것은 나쁘냐고 묻게 된다. 왜 대머리냐고 물으니까 머리카락이 없기 때문이라고 대답하는 것이나 똑같다. 또 다시 왜 머리카락이 없느냐고 묻게 되기 때문이다.

우리는 모두 사람을 죽이는 것이 나쁘다는 것을 알고 있다. 따라서 사람을 죽이는 것이 나쁜지에 대한 독립적인 근거를 찾으면, 그 근거를 동물을 죽이는 경우에 적용해서 동물을 죽이는 것이 옳은지 그른지 판단할 수 있을 것이다.

공리주의자라면 왜 사람을 죽이는 것이 나쁘다고 대답할까? 공리주의는 즐거움을 극대화하고 고통을 극소화하는 경향에 의해 행위를 평가한다고 말했다. 그런데 사람을 죽이는 것은 비록 고통을 수반하지는 않는 죽임이라고 하더라도 현재 즐기고 있는 행복이 없어지므로 나쁜 행위라고 말할 수 있다.

나는 지금 행복하다. 잘 풀리지 않는 일도 있고 고민도 있지만 내 인생을 전체적으로 계산하면 행복하다고 말할 수 있다. 살아 있는 것 자체를 행복이라고 생각하는 사람이 많지 않은가? 그런데 내가 죽으면 그런 행복을 더 이상 누릴 수 없다. 그러므로 사람을 죽이는 것은 옳지 않다고 생각하는 것이다. 그런데 정말 그럴까? 다시 한 번 생각해보자. 내가 죽으면 행복을 더 이상 누릴 수 없다는 것이 살인이 나쁜 공리주의적 이유였다. 그런데 내가 죽으면 행복을 누가 누릴 수 없는가? 내가? 나는 더 이상 없는데? 내가 아이스크림을 먹고 싶었는데 언니가 먹어버렸다. 나는 아이스크림을 못 먹게 된 것에 대해 안타까워한다. 이때는 내가 분명히 존재하고 그 존재하는 '내'가 안타까워한다. 그런데 '내'가 죽는다면 어떨까? 더 이상 행복을 누릴 수 없게 되었으니까 안타깝다고? 누가? 안타까워하는 사람이 누군가? 나는 죽어서 없어졌는데. 결국 공리주의는 왜 사람을 죽이는 것이 나쁜지 설명할 수 없다.

그러나 공리주의는 죽임이 왜 나쁜지 간접적으로는 설명할 수 있다. 나에게 죽음이 일어날 가능성이 있다고 해보자. 나는 얼마나 불안하겠는가? 나는 미래에 대한 계획을 가지고 있다. 그 계획은 대통령이 되겠다는 거창한 것일 수도 있고 친구와 영화를 보기로 했다는 사소한 것일 수도 있다. 그런데 죽는다는 것은 그 계획들을 헛되게 만들고, 그럴 수 있다는 생각은 나의 삶을 덜 행복하게 만든다. 그런 불안이 없다면 나의 삶은 훨씬 더 행복할 수 있었으므로 공리주의에서는 살인이 나쁘다는 것이 간접적으로 설명이 된다. 물론 사람을 쥐도 새도 모르게 죽일 수 있다. 그러나 그것은 실종을 의미하고 그것만으로도 사람들에게는 불안감을 준다.

한편 우리는 앞에서 선호 공리주의라는 것을 살펴봤다. 어떤 행동이 어떤 사람의 욕구 또는 선호를 만족한다면 옳고, 좌절시킨다면 옳지 않다는 것이 선호 공리주의의 주장이다. 선호 공리주의에 따르면 사람을 죽이는 것이 나쁘다는 것을 직접적으로 설명이 가능하다. 우리 모두에게는 계속 살고 싶다는 선호가 있기 때문이다. 자살을 원하는 사람을 제외하고는 누구나 다 계속 살고 싶다는 선호를 가지고 있다("늙으면 일찍 죽어야지"라는 말은 3대 거짓말 중 하나라고 하지 않나). 그리고 그 선호는 미래를 향해 있다. 고전적 공리주의에서는 살인의 그릇됨을 행복을 가지고 설명하므로 죽음 다음에는 그 행복을 느낄 존재가 없어서 문제였다. 그러나 선호 공리주의에서는 죽음이 아직 살아있는 존재의 미래를 향한 선호를 꺾는다고 설명하므로 고전적 공리주의와 같은 문제는 생기지 않는다. 좀 더 쉽게 설명하면 우리에게는 미래가 있다. 우리는 그것을 미래를 '가지고' 있다고 표현한다. 죽음은 우리에게 그 '소유물'을 빼앗으므로 옳지 않다.

동물을 죽이는 것이 왜 나쁜가

자, 그러면 동물을 죽이면 과연 나쁜지 물어보자. 동물들은 자신들이 죽을 수 있다는 예측을 할 수 있는가? 침팬지나 오랑우탄 같은 아주 고등동물을 제외하고는 그럴 것 같지 않다. 주위에서 같이 놀던 동료 동물들이 없어져도 그 사실을 의식하지 못하는 동물이 많다. 사실 새끼와 어미의 관계가 아니라면 서로가 누가 누군지 식별할 수도 없을 것이다. 따라서 내가 죽을지도 모른다는 불안 때문에 죽임이 나쁘다는 고전적 공리주의에 따르면 동물을 죽이는 것은 나쁘지 않다. 물론 일부 동물 중에는 새끼와 어미 또는 암컷과 수컷을 떼어놓으면 상실감과 슬픔이 큰 경우도 있는데 당연히 그것은 고려의 대상이다. 하지만 지금은 오로지 죽음의 예측과 그에 따르는 공포만 거론하기로 하자.

그러면 선호 공리주의는 어떨까? 동물들은 사람처럼 계속 살고 싶다는 선호가 있을까? 동물들은 모두 죽을 때 죽지 않기 위해서 발버둥친다. 낚싯바늘에 걸린 물고기가 버둥거리는 것을 보라. 당연히 동물도 계속 살고 싶다는 선호가 있다고 봐야 하지 않을까? 그러나 그런 선호는 고통스러운 상태를 멈추어달라는 선호이므로 고통 없는 방법으로 물고기를 죽인다면 문제가 되지 않는다.

사람들이 선호를 갖는다는 것은 더 먼 미래에 대한 선호다. 앞서 말했듯이 사람들은 며칠 후에 무슨 일을 해야겠다거나 장차 어떠어떠한 사람이 되어야겠다는 계획을 가지고 있다. 사람을 죽이는 일은 그런 계획을 무의미하게 만든다. 사람은 미래를 가지는 존재일 뿐만 아니라 과거를 가지는 존재이기도 하다. 훌륭한 사람이든 평범한 사람이든 어찌어찌한 인생사를 거쳐 온 하나의 존재이고 자신의 그런 과거를 기억하고 있다. 사람은 스스로를 과거로부터 미래까지 일정한 시기에 걸쳐서 존재하는 것으로 본다. 반면에 동물은 자신이 어떤 삶을 살아왔는지 기억을 하지 못할 뿐만 아니라 앞으로의 삶에 대해서

사람과 동물의 삶의 차이점을 전기적 삶과 생물학적 삶으로 표현한 레이첼스

도 계획을 세우지 않는다. 그냥 순간순간을 살 뿐이다. 현재를 기점으로 몇 초 또는 몇 분 앞뒤만을 기억하고 의식할 뿐이다. 싱어는 사람과 동물의 이런 차이점을 미국의 도덕철학자 레이첼스James Rachels, 1941~2003의 용어를 빌려 사람은 전기적인biographical 삶을 사는데 반해 동물은 생물학적인biological 삶을 산다고 말한다. 그는 이런 차이점 때문에 동물을 죽이는 것은 사람을 죽이는 것만큼의 문제를 일으키지 않는다는 결론을 내린다.

이 부분이 동물 해방을 주장하는 싱어의 철학에서 가장 논란거리가 된다. 동물에게 고통을 주는 것은 그릇되지만 동물을 죽이는 것은 허용된다고, 언뜻 들으면 모순된 주장이기 때문이다. 좀 더

● 제임스 레이첼스

미국의 철학자. 안락사 논쟁에 중요한 기여를 했다. 그가 1971년에 펴낸 논문집 《사회윤리의 제 문제Moral Problems》는 실천윤리학에 관심을 불러일으켰다(이 책에 싱어의 논문 〈동물 해방〉이 실려 있다). 《도덕철학의 기초 The Elements of Moral Philosophy》는 베스트셀러 철학책 중 하나다. 두 권 모두 우리말로 번역되어 있다.

쉽게 설명해보자. 여기 철수라는 사람이 있다.

5년 전의 철수   현재의 철수   5년 후의 철수

5년 전의 철수나 현재의 철수나 5년 후의 철수나 틀림없이 동일한 철수다. 철수 스스로나 주변 사람들 모두 동일한 사람으로 인식한다. 이런 것을 철학에서는 동일성 또는 정체성^{identity}을 인식한다고 말한다.

이번에는 *꼬꼬*라는 이름의 닭을 생각해보자.

5분 전의 *꼬꼬*   현재의 *꼬꼬*   5분 후의 *꼬꼬*

5분 전의 *꼬꼬*와 현재의 *꼬꼬*는 같은 닭일까? 닭을 사육하는 사람의 입장에서는 같은 닭이겠지만(대량 사육일 때는 그런 것에 관심도 없다) *꼬꼬* 스스로는 동일한 자신이라고 생각할까? 현재의 *꼬꼬*가 5분 후의 자신에 대한 무슨 생각이 있을까? 닭은 자의식이 없다. 스스로를 일정한 시간에 걸쳐 존재하는 것이라고 생각하지 않는다. 그러므로 5분 전의 *꼬꼬*와 현재의 *꼬꼬*와 5분 후의 *꼬꼬*를 동일한 *꼬꼬*라고 말할 수 없다. 그 닭들은 동일성이 없는 것이고 따라서 동일성의 기준으로 보면 서로 다른 존재들이다.

그렇다면 그 닭을 고통 없이 죽였다고 해보자. 고통 없이 죽였다고 하더라도 이것은 옳은 행동은 아니다. 그 닭은 분명히 감각이 있는 존재이고 순간순간이나마 즐거움을 경험하고 있다. 그런데 그런 존재를 죽이는 것은 죽지 않았으면 누렸을 즐거움의 양을 세상에서 줄이는 행위이므로 공리주의의 시각에서 봤을 때 옳지 않은 일이다. 그러면 닭을 죽이기는 하는데 즐거움의 총량을 줄이지 않으면 어떨까? 닭을 죽이면서 그 대신에 그런 즐거움을 누리는 다른 닭을 한 마리 세상에 태어나게 하는 것이다. 어차피 닭들은 현재의 닭과 5분 후의 닭이 동일한 존재로 인식되지 못하기 때문에 현재의 닭을 죽이고 새로운 닭을 태어나게 해도 세상에 있는 즐거움의 양이 똑같다면 상관없지 않을까? 남의 사과를 하나 먹고 똑같은 종류의 사과를 가져다주면 상관없는 것이나 마찬가지 아닐까? 바로 이런 생각이 대체 가능성 논변이다. 싱어는 이런 동물을 그릇에 비유한다.

감각 있는 존재는 가치 있는 것을 담는 그릇과 같은 것이며, 그릇이 깨어진다 해도, 내용물이 파손되지 않고 옮겨질 수 있는 다른 그릇이 있는 한, 그릇이 깨어지는 것은 문제가 되지 않는다. …… 비록 육식가들이 그들이 먹는 동물의 죽음과 그 동물들이 경험했을 쾌락의 상실을 야기시키기도 했지만, 그들은 또한 더 많은 동물의 출생을 야기시키기도 했다. 왜냐하면 어느 누구도 고기를 먹지 않는다면, 식용으로 사육될 동물은 더 이상 없을 것이기 때문이다. 그래서 육식가가 한 동물에 대하여 가하는 손해는 …… 그들이 다음 동물에게 부여한 이익에 의하여 균형을 이루게 된다.

《실천윤리학》(154쪽)

닭처럼 즐거움과 고통만 느끼고 자의식이 없는 동물은 그릇이 그 신체이고 내용물은 즐거움과 고통을 느끼는 감각일 것이다. 그런데 그 동물은 그릇과 내용물의 연관 관계가 강하지 못하다. 시간에 걸친 동일성이 없으므로 어차피 그 내용물은 순간순간마다 새로운 그릇에 담기는 것이나 마찬가지다. 따라서 그 그릇이 깨어져도, 다시 말해서 그 동물을 죽여도 그 내용물을 다른 그릇에 담을 수만 있다면, 곧 새로운 동물을 태어나게 한다면 문제될 것이 없다. 그러나 자의식과 동일성이 있는 사람의 경우에는 내용물과 그릇의 관계가 아주 밀접하다. 그냥 감각만이 문제되는 것이 아니라 누구의 감각이냐가 중요하다. 따라서 사람은 대체 가능하지 않다. 사람 한 명을 죽여놓고 다른 사람을 한 명 태어나게 하면 해결되는 것이 아니다.

생명들의 서열

동물은 대체 가능하지만 사람은 대체 가능하지 않다는 결론은 자의식이 없는 동물을 죽이는 것은 대체만 해준다면 그르지 않지만 자의식이 있는 사람을 죽이는 것은 대체를 한다고 해도 그르다는 것을 말해준다. 자의식의 있고 없음이 대체 가능하느냐 불가능하느냐를 가르는 기준이 된다.

벤담이 동물 해방 운동의 이론적인 선구자였듯이 이 대체 가능성 논변도 벤담에게서 찾아 볼 수 있다.

> 단지 먹히는 동물에 대해서라면 먹는 것을 용서받을 매우 좋은 이유가 있다. 우리는 동물을 먹음으로 인해 더 이익을 보고, 동물들도 결코 손해를 보지 않기 때문이다. 동물들은 우리가 갖고 있는 것과 같은 오랫동안 연장되는 미래의 불행에 대한 예감을 갖지 않는다. 그들이 우리의 손에서 공통적으로 감내해야 하는 죽음은, 자연의 불가피한 역정 속에서 그들을 기다리고 있는 죽음에 비하면 훨씬 신속하고 덜 고통스러운 것이다.

동물들이 '오랫동안 연장되는 미래의 불행에 대한 예감을 갖지 않는다'는 말이 무엇이겠는가? 곧 동물은 자의식이 없다는 말이다. 동물은 자의식이 없으므로 우리가 '훨씬 신속하고 덜 고통스러운' 방법으로 죽일 수만 있다면 동물을 '먹는 것'이 '용서받을 매우 좋은 이유'가 된다. 그러나 동물들을 열악한 환경에서 사육하거나 실험의 대상으로 삼아도 될까? 앞서 말했듯이 벤담에게서 어떤 존재를 평등하게 고려해야 할 기준은 고통을 느낄 수 있느냐다. 벤담은 분명히 말한다.

그러나 우리가 그들을 고문하는 것도 용서받을 어떤 이유가 있
는 것일까? 나로서는 그 어떤 이유도 찾을 수 없다.

벤담과 싱어의 대체 가능성 논변을 듣고 나서 고기를 좋아하
는 사람들은, "야, 벤담과 싱어의 이야기를 듣고서 고기를 먹는
것에 대해 양심의 가책을 느꼈는데, 동물을 고통 없이 죽일 수
있고 대체가 가능하다면 고기를 먹어도 괜찮겠구나"라고 생각할
것 같다. 그러나 그런 결론이 쉽게 나오지는 않는다. 이 대체가
능성 논변은 고민해야 할 점이 한두 가지가 아니다.

우선 대체 가능성 논변은 서로 다른 생명들의 가치 서열을 매
기고 있다. 분명히 자의식이 있는 사람의 생명은 대체 가능하지

않으므로 빼앗으면 안 되지만 자의식이 없는 동물의 생명은 대체 가능하다면 빼앗아도 괜찮다고 주장한다. 그러므로 미래를 갖는 정도에 따라서, 그리고 스스로를 일정한 시기에 걸쳐 존재하는 것으로 보는 정도에 따라서, 생명의 가치의 순서를 정할 수 있다.

다양한 생명의 가치를 위계적으로 서열 짓는 것에 대해 인간 중심적이라거나 종차별주의라는 비판이 가능하다. 우리는 스스로를 제일 위에다 두고 다른 동물들은 우리와 얼마나 유사한가의 정도에 따라 우리에게 가깝게 또는 멀리 줄을 세우므로 그런 비판이 나오는 것이다. 우리는 지금까지 다른 어떤 동물보다 인간의 생명의 가치가 우선한다고 생각해온 것이 사실이다. '인간 생명의 존엄성'이라는 말들을 많이 들어보지 않았는가? 우리는 논리적인 근거 없이 직관적으로 또는 종교의 영향으로 그렇게 생각했으므로 비판을 받을 만하다고 치자. 하지만 종차별주의를 배격한다는 싱어는 이런 비판을 받으면 좀 억울할 것 같다. 그러나 인간이 서열의 순위에서 결과적으로 맨 위에 온다고 해서 종차별주의적이라고 비판하는 것은 공평하지 못하다. 그것은 어떤 중립적인 근거, 곧 불편부당한 관점에서 비교했느냐를 가지고 따져보아야 할 일이다. 비교의 근거가 인간에게 유리한 기준이 아니라면 비교의 결과를 합리적으로 받아들여야 할 것이다. 싱어는 어떤 조건이 만족된다면 그 비교가 객관적임을 다음과 같이 말한다.

> 만약 우리가 쥐로서의 삶과 인간으로서의 삶 중에 선택을 하는 것이 유의미하다고 볼 수 있다면, 선택이 어떻게 이루어지든, 그때는 한 종류의 동물의 삶이 다른 종류의 동물의 삶보다 더 큰 가치를 가진다는 생각도 유의미하다고 볼 수 있다. 그렇다면, 모든 존재의 생명은 동등한 가치를 가진다는 주장이 흔들리게 된다. 모든 존재의 생명은 그것 자체에게는 절대적으로 중요하다고 말함으로써 이러한 주장을 옹호할 수 없다. 왜냐하면 우리는 이제 훨씬 객관적인, 아니 적어도 상호주관적인 태도를 취하는 비교를 수용했으며, 그리하여 바로 그 존재 자체의 관점에서만 고려되는 그 존재의 생명의 가치를 넘어섰기 때문이다.

《실천윤리학》 (137쪽)

질적 공리주의를 주장하는 밀의 주장을 되새겨보자. 밀이 배부른 돼지보다 배고픈 소크라테스가 되는 게 더 낫다고 생각한 이유는 돼지의 배부름과 소크라테스의 배고픔을 모두 경험해본 사람이라면 기꺼이 소크라테스를 선택할 것이라고 믿기 때문이다. 밀의 생각처럼 서로 다른 존재의 경험을 할 수 있다면 존재끼리의 서열을 정할 수 있을 것이다. 그러나 서로 다른 존재의 경험을 할 수 있으려면 그 존재가 되어보아야 한다. 내가 배부른 것을 생각해서 돼지의 배부름을 추측하는 것은 객관적이지 못하다. 인간에게 배부름은 여러 가지 즐거움 중에 하나지만 돼지에게 배부름은 아주 중요한 즐거움인데 인간의 '상상적 재구성'으로 돼지의 배부름이 어떠할지 헤아리기는 힘들기 때문이다. 돼지의 삶과 소크라테스의 삶을 객관적으로 비교하려면 돼지가 직접 되어볼 수밖에 없다. 그러나 그게 어디 가능한가? 그래서 이런 사정을 알고 있는 싱어도 그런 비교가 가능하다면 서로 다른 존재끼리의 서열을 객관적으로 정할 수 있을 것이라고 조건부로 말한다.

싱어가 여기서 약간 혼동한 점이 있다. 지금 논의되고 있는 것

🐷 돼지가 된다는 것은 어떤 것인가?

미국의 철학자 토머스 네이글The Thomas Nagel, 1937~은 1974년에 〈박쥐가 된다는 것은 어떤 것인가?What is it Like to Be a Bat?〉라는 제목의 유명한 논문을 발표했는데 거기서 네이글은 "박쥐가 된다는 것이 어떤 것인지 우리는 알 수 없다"는 주장을 한다. 과연 우리는 돼지가 된다는 것이 어떤 것인지 알 수 있을까?

은 서로 다른 존재들의 삶의 비교가 아니라 생명의 비교다. 그런데 그는 생명을 거론하는 대목에서 삶의 가치를 비교함으로써 문제를 더 어렵게 끌고 가고 있다. 비록 인간의 삶과 돼지의 삶중 어느 쪽이 나은지는 방금 말한 것처럼 객관적인 비교가 힘들지 몰라도 적어도 인간의 생명과 돼지의 생명 중 어느 쪽이 나은지는 비교가 가능하지 않을까? 싱어도 이것을 인정하고 있다.

> 일반적으로 존재의 의식 생활이 높게 발달하면 할수록, 자의식과 합리성의 정도가 크면 클수록, 그것과 그보다 낮은 수준의 의식을 가지는 존재 중에 선택해야 하는 경우, 높은 종류의 것이 선택될 가능성이 크다.
>
> 《실천윤리학》 (138쪽)

그러면서 그는 삶끼리의 비교가 객관적이지 않다는 이유로 이런 선택이 옹호될 수 있을지 의심한다. 그러나 앞에서 말한 적이 있는 롤스의 원초적 입장 개념을 이용하면 적어도 생명끼리의 비교는 가능할 것 같다. 원초적 입장에서 인간이 될지 돼지가 될지 알지 못한다고 하자. 다만 인간은 돼지에 비해, 죽게 되면 빼앗기게 되는 것이 훨씬 더 많다는 것을 알고 있다. 인간은 돼지에 비해 훨씬 더 먼 미래에 대해 보다 구체적이고 풍부하게 계획을 세우고 있다. 그렇기 때문에 그 미래를 빼앗기게 되면 잃는 것이 훨씬 더 많을 것이다. 그러므로 원초적 입장에 있는 나는 인간이 되었을 때 생명을 잃는 것이 돼지가 되었을 때 잃는 것보다 훨씬 더 많고 그래서 죽는 것이 훨씬 더 억울하다고 생각하지 않겠는가?

어릴 때부터 꿈꾸던 미스코리아가 되기 위해 몇 년 동안 준비해서 미스코리아 대회에 나갔는데 떨어진 경우와 미스코리아가 되고 싶다는 생각을 한 번도 해본 적이 없는데 친구 따라갔다가 우연히 참가하여 떨어진 경우를 비교해보자. 당연히 앞의 경우에 더 억울하고 안타깝다. 미장원과 성형수술에 쓴 돈이 얼만데!

미래에 대한 계획이 많으면 많을수록 그것을 잃게 되었을 때 더 안타까운 법이다. 마찬가지로 미래에 대한 계획이 많은 인간의 죽음은 돼지의 죽음보다 더 안타깝다.

인간의 생명이 더 소중하다는 판단은 내가 인간인지 돼지인지 모르는 원초적 입장에서 내려진 것이다. '중립적이고 불편부당하게' 생명의 가치를 비교했다고 볼 수 있다. 더구나 돼지 정도가 아니라 닭이나 물고기처럼 미래에 대한 계획이 거의 없는 동물과 비교한다고 해보자. 그런 동물들은 순간순간의 즐거움만 보장해준다면 죽어도 그 즐거움 외에는 잃는 것이 없지 않겠는가? 잃어버린 즐거움은 다른 존재에 의해 대체되기 때문에 그것 또한 문제다.

벤담과 싱어의 동물 해방론은 이 점 때문에 더 극단적인 동물 해방론자들로부터 비판을 받는다. 현대에 싱어와 더불어 가장 주목받는 동물 해방 철학자는 미국의 톰 리건[Tom Regan, 1938~]이다. 그는 《동물의 권리 옹호[Defending Animal Rights]》(2001)에서 인간이든 동물이든 모두 삶의 주체라고 규정하고, 삶의 주체에게는 침해할 수 없는 생명에 대한 권리가 있다고 주장한다. 다시 말해서 합리적이든 아니든, 자의식이 있든 없든 모든 의식이 있는 동물은 그

자체로 소중한 생명에 대한 권리가 있다. 그러므로 이 권리를 빼앗는 것은 옳지 않은 일이다. 그렇다면 싱어처럼 아무리 고통 없이 죽이고 대체를 해놓는다고 하더라도, 자의식이 떨어지는 존재를 죽이는 것은 그 존재의 권리를 침해하는 것이므로 용납할 수 없다고 볼 것이다. 어떤 존재에게 기본권을 부여하는 것은 칸트적인 전통이다. 칸트는 그런 권리를 인간에게만 부여한 반면 리건은 감각이 있는 모든 존재에게 부여했다. 벤담과 싱어도 고통을 느낄 수 있는가가 도덕적 고려의 기준이 된다고 생각하는 것을 우리가 이미 보았지만 생명을 빼앗는 것은 별개의 문제였다. 인간 생명의 신성함도 무비판적으로 받아들여진 종교의 유물이라고 생각하는 싱어가 모든 의식적인 생명에게 침해할 수 없는 권리가 있다는 주장을 받아들이지 않을 것이다.

벤담과 싱어의 대체 가능성 논변은 서로 다른 종들의 생명의 가치에 서열을 정할 수 있다는 전제에서 출발한다. 그러나 그들은 '고통은 누구의 것이든 똑같이 나쁜 것'이라고 생각한다. '고통을 느낄 수 있는가'라는 벤담의 기준을 통과하면 그 종이 무엇이든 도덕적인 고려의 대상이 되어야 한다. 그러나 싱어의 논변을 밀고 나가면 고통의 나쁜 정도에도 서열을 매길 수 있지 않을까? 내가 주사를 맞는다고 생각해보자. 나는 주사를 맞을 때의 아픔도 느끼지만 과거에 주사를 맞았을 때의 아픔을 기억하기 때문에 더 공포감을 느낀다. 주사를 맞은 적이 한 번도 없다고 하더라도 상황 판단 능력이 있으므로 이런 날카로운 것이 내 몸에 들어가면 고통스러울 것이라는 것을 예측한다. 그런데 그런 기억력과 상황 판단 능력이 없는 동물의 경우는 어떤가? 금붕어를 예로 들어보자. 금붕어는 기억력과 상황 판단 능력이 거의 없기 때문에 고통을 예측하는 불안감은 없다. 오로지 주사를 맞는 고통만 느낄 것이다. 이 주사를 맞는 고통은 적어도 3초 정도는 지속될 것이다. 과학적인 근거가 있는지 모르겠지만 보통 금붕어의 기억력이 3초라고 한다. 그러므로 금붕어는 주사를 맞으면서 적어도 3초 동안은 고통의 기억이 지속되고 이것은 꽤 큰 고통일 것이라고 짐작된다. 3초는 고통을 기억하기에 짧지 않은 시간이다. 그러나 만약 금붕어의 기억력이 찰나라고 해보자. 예컨대 고통은 0.000……1초만큼만 지속된다. 주삿바늘이 살에 들어가는 동안에 고통은 순간순간 나타났다가 없어지고 나타났다가 없어짐을 반복한다. 엄격히 말하면 고통의 느낌은 몇 초 동안이나마 지속적으로 있지만 그것을 기억하지 못하는 것뿐이다.

　금붕어는 자의식이 없으므로 0.000……1초 전의 자기와 현재

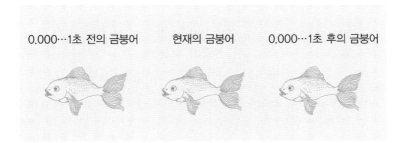

0.000…1초 전의 금붕어　　　　현재의 금붕어　　　　0.000…1초 후의 금붕어

의 자기가 동일한 존재라는 것도 의식하지 못하겠지만, 기억력이 이런 정도로 없다면 고통은 찰나의 매 순간 나타났다가 없어지고 나타났다가 없어질 것이다.

만약 우리에게 고통이 있긴 있는데 그 고통이 있으리라는 예측도 할 수 없고, 그 고통이 있었다는 기억도 할 수 없고, 고통이 찰나의 순간 동안 있다가 사라진다면 그리 나쁜 것이라고 할 수 있을까? 그럴 것 같지 않다. 따라서 만약 기억력이 이렇게 짧은 동물이 있다면 그 동물에게 아무리 큰 고통을 주더라도 그렇게 나쁜 일이라고 할 수 없을 것이다.

그러나 이것은 어디까지나 사유 실험일 뿐이다. 현재로서는 우리가 먹기 위해 고통을 주는 동물 중에 그렇게 기억력이 나쁜 동물은 없다.

인격체가 아닌 인간

대체 가능성 논변은 자의식이 없는 동물에게 적용된다. 자의식이 대체 가능성 논변이 적용되는 기준이라면 이 논변이 모든 동물에게 적용되는 것도 아니고 꼭 동물에게만 적용되는 것은 아니라는 것을 짐작할 수 있다. 동물 중에 그런 능력이 있는 동물도 있고 인간 중에 그런 능력이 없는 인간도 있기 때문이다. 그런 능력이 없는데도 인간의 생명은 신성하므로 다르게 취급되어야 한다고 주장한다면 그것이야말로 종차별주의가 될 것이다.

싱어는 자의식이 있는 동물이 있다는 증거를 제시한다. 몇몇 침팬지나 고릴라는 인간의 수화를 배운 다음에 거울을 보고 "저게 누구야?"라고 물어보면 "나!"라고 대답하기도 한다. 그리고 어떤 원숭이들은 수화를 이용하여 과거나 미래의 사건을 가리키고 미래의 일의 순서를 예견한다고 한다. 이런 증거들은 그들이 자의식이 있고 과거와 미래 개념이 있다는 것을 보여준다. 그렇다면 그런 동물들을 죽이는 것은 인간을 죽이는 것처럼 옳지 못하다는 결론이 나온다. 싱어는 그런 능력을 가지고 있는 존재를 인격체^{person}라고 부른다. 그러니까 동물이라고 하더라도 그런 능력이 있는 원숭이 종류는 인격체가 되고 인간이라고 하더라도 그런 능력이 없는 갓난아이나 정신 장애인은 인격체가 아니다. 그는 이렇게 말한다.

> 침팬지를 죽이는 것은 선천적인 정신적 장애 때문에 지금 인격체가 아니고 앞으로도 결코 인격체가 될 수 없는 인간 존재를 죽이는 것보다 더욱 나쁜 일로 보인다.
>
> 《실천윤리학》 (150쪽)

생명의 가치에 서열이 있는 것은 사실이다. 그런데 그 서열에서 모든 인간이 맨 앞에 오고 그 다음에 동물들이 나오는 것은 아니다. 인간 중에는 생명의 소중함이라는 측면에서 고등 동물보다 하위에 있는 이들이 있다. 갓난아이들, 심각한 정신적인 장애가 있는 인간들이 바로 그들이다. 그리고 태아가 인간인지 아닌지가 논란거리이지만 인간이라고 하더라도 인격체는 아니다. 이른바 가장자리 경우들이다.

인간 vs. 비인간

성인 남녀　태아

식물인간

인간

고릴라　개　소

돼지　닭　물고기

비인간

성인 남녀　고릴라

개　돼지

인격체

태아　식물인간

닭　물고기

비인격체

벤담과 싱어에게는 인간이냐 아니냐가 중요한 것이 아니라 인격체냐 아니냐가 중요하다.

　그렇다면 분명히 호모사피엔스의 일원이긴 하지만 인격체가 아닌 존재들, 그러니까 태아, 영아, 심각한 정신적인 장애가 있는 인간들을 죽이는 것이 과연 잘못인지 생각해봐야 한다. 우리의 상식과 달리 위에서 사람을 죽여서는 안 되는 이유 중 어느 것도 이 존재들에게는 적용되지 않는다. 이들은 주위에서 무슨 일이 일어났는지 이해하지 못하며, 자신을 미래를 갖는 존재로 볼 수 없으므로 계속해서 살고자 하는 욕구도 없다고 할 수 있다. 그러면 이런 존재들을 마음대로 죽여도 문제가 안 된다는 말인가? 그렇지는 않다. 그들을 죽이는 것은 그들을 사랑하는 가족과 주변 사람들에게 끔찍한 상실감을 가져오므로 옳지 못하다. 곧 인격체가 아닌 인간을 죽이는 것은 그 자체가 본질적으로 그릇되기 때문이 아니라 그것이 가져오는 간접적인 영향 때문에 그릇된 것이다.

그런데 이 말을 뒤집어보면 그런 존재의 죽음을 가족과 주변 사람이 원한다면 문제가 달라진다. 곧 임신한 산모가 지금 아이를 낳고 싶지 않을 때, 그리고 갓난아이나 장애인이 계속 살기를 가족이나 주위 사람들이 모두 원하지 않을 때는 죽이는 것이 왜 잘못인지 그 이유를 찾을 수 없다. 특히 갓난아이나 장애인이 회복 불가능한 질병에 걸려 그들의 삶이 너무 비참하고 최소한의 만족도 없어서 부모와 의료진 모두 그들의 삶을 연장시키는 것이 아무 의미가 없고 오히려 계속 살게 하는 것이 몰인정하다고 생각되는 경우에는 대체 가능성 논변도 적용되지 않는다. 심각한 장애가 있는 영아나 장애인은 오로지 고통밖에는 없으므로 대체할 필요가 없기 때문이다.

한편 싱어의 논리에서는 태아의 경우 특별한 질병이 없는데도 단순히 지금 낳고 싶지 않다는 이유로 죽이는 것, 곧 임신중절도 허용된다. 다만 이때는 지금은 임신중절을 하지만 다음에 다른 아이를 임신하여 낳아야 한다는 대체 가능성 논변이 적용된다. 그리고 18주 이하의 태아는 감각 자체를 느낄 수 없으므로

침해될 이익도 없다. 그러므로 18주 이하의 태아는 대체할 필요
도 없다.

그런데 싱어의 이런 주장은 장애인을 죽여도 된다는 주장으로
많이 오해받고 있다. 히틀러는 독일인의 민족적 우수성을 보존
한다는 명목으로 장애인이나 정신질환자들을 안락사시킨 적이
있다. 이런 역사가 있는 독일에서는 싱어가 장애인의 안락사를
옹호한다는 이유로 그가 독일에서 강의하는 것뿐만 아니라 그의
책을 교재로 쓰는 것까지 반대했다. 그리고 그가 오스트레일리
아에서 미국의 프린스턴 대학으로 옮길 때도 같은 이유로 여러
시민들이 반대 시위를 벌였다.

이런 반응은 무지에서 생긴 것이다. 일단 히틀러의 장애인 안
락사는 안락사라고 부를 수도 없다. 안락사는 그 대상이 되는 사
람이 회복 불가능한 고통을 겪고 있고 죽음밖에는 그 고통을 제
거할 방법이 없을 때 이루어지는 것이다. 그런데 히틀러는 단순
히 장애가 있어 불편할 뿐인 사람을 원하지 않는데도 죽였다. 그
리고 안락사는 기본적으로 그 사람에 대한 동정심이나 관심 때
문에 시행되는 것인데 히틀러의 나치는 오로지 독일 민족이 우
월하다는 인종주의적 관점에서 살 가치가 없다고 판단하여 살육
을 저지른 것이다. 또 싱어가 갓난아이나 심각한 정신장애인의
안락사를 옹호하는 결정적 근거는 그들 스스로가 과거와 미래를
가지는 존재임을 결코 파악할 수 없기 때문이다. 계속 살기를 원
하거나 자신의 삶이 위협받고 있다는 것을 이해할 수 있는데도
단순히 장애가 있다는 이유만으로 죽이는 것을 옹호할 리가 있
겠는가? 이런 근거들을 검토하는 합리적인 토론 없이 "싱어 나

가라!"라는 구호를 외치는 것은 싱어의 말대로 "나치즘을 가능케 했던 바로 그 정신 상태와 같은"(《실천윤리학》 410쪽) 것이라고 볼 수밖에 없다.

아마 사람들은 싱어가 장애인을 현재 우리가 동물들을 다루는 방식으로 다루어도 된다고 주장하는 것으로 오해하는 것 같다. 그러나 그가 인간 생명의 가치는 신성하다는 믿음이 합리적인 근거가 없는 종교적인 믿음에 불과하다고 강조하는 것은 인간을 덜 신중하게 고려하자는 뜻이 아니라 동물을 더 신중히 고려해야 한다는 뜻이다.

즉, 인격체가 아닌 인간에게 쏟는 관심을 버리자는 것이 아니라 그 이상의 관심을 인격체인 동물에게도 보이자는 것이다. 하향 평준화가 아니라 상향 평준화인데 그걸 이해하려고 하지 않는다.

어떤 존재가 어느 종에 속하느냐에 따라 차별하는 것을 종차별주의라고 불렀다. '인간이냐 아니냐'의 기준에 따라 차별하는 것이 대표적인 종차별주의다. 그런데 싱어는 차별의 기준을 인간인가 아닌가에서 인격체인가 아닌가로 바꾼 것에 불과하다는 비판을 받을 수 있다. 왜 인간인가 아닌가를 가지고 구별하는 것은 부당한 차별이고 인격체인가 아닌가를 가지고 구별하는 것은 정당한 구별인가?

그것은 어떤 합리적인 기준이 제시되었는가, 그리고 불편부당한 관점에서 구별이 이루어지지는 않았는가를 가지고 판단할 문제다. 인간인가 아닌가는 나와 같은 종에 속하느냐 아니냐 말고는 아무런 근거도 제시하지 못했다. 그러나 인격체인가 아닌가는 지금까지 살펴본 것처럼 그 존재들을 어떻게 다루어야 하는

지에 대한 합리적인 기준을 제시했다. 따라서 인격체 여부에 따른 구별은 정당하다.

동물에 대한 관심, 인간에 대한 관심

침팬지, 오랑우탄, 고릴라 등 유인원이 인격체라는 사실은 대부분 인정할 것 같다. 반면 닭이나 물고기는 분명히 아닌 것 같다. 다른 젖먹이동물들은 어떨까? 고래, 개, 돼지 등은 자의식이 있고 스스로를 과거와 미래가 있는 존재로 인식할까? 만약 그들이 인격체라면 우리는 죽여서는 안 되고 인격체가 아니라면 대체 가능성 논변이 적용될 것이다. 싱어는 이렇게 말한다.

> 다른 존재가 자의식적인가를 명확히 구분하는 것이 어렵다는 것은 잘 알려진 일이다. 그러나 만약 인격체를 죽이지 않을 수 있음에도 불구하고 죽이는 것은 그릇된 일이다. 그렇다면 우리가 죽이려고 생각하고 있는 그 존재가 인격체인지 아닌지에 대해서 실제로 의심이 간다면, 우리는 그 존재에게 의심의 이득을 주어야만 한다.
>
> 《실천윤리학》(131쪽)

의심의 이득 원칙은 사냥꾼들의 규칙이다. 사냥을 할 때 덤불 속에서 움직이고 있는 것이 사슴인지 아니면 다른 사냥꾼인지 분명하지 않다고 해보자. 그때는 쏘아도 될까, 아니면 쏘지 말아야 할까? 당연히 쏘지 말아야 한다. 싱어는 이 규칙을 동물 살생에도 적용하여 대상이 인격체인지 아닌지 의심스럽다면 죽이지 말아야 한다고 주장한다. 곧 개, 소, 돼지 등을 죽여서는 안 된다는 것이다.

　그렇다면 분명히 자의식이 없을 것 같은 동물, 가령 닭은 의심의 이득 원칙에서 벗어난다. 그렇다고 해도 닭을 마음대로 잡아먹을 수는 없다. 대체 가능성 논변은 자의식은 없지만 즐겁게 사는 동물을 죽이고 다른 동물로 대체하자는 주장이다. 그러므로 동물을 사육할 때 그리고 동물을 죽일 때 고통을 준다면 이 논변 자체를 적용할 수가 없다. 예를 들어서 '어차피 양계장 농장주들이 닭을 계속 생산해내니 대체 가능성 논변 때문에 닭고기를 먹어도 괜찮겠구나'라고 생각하는 사람도 닭들이 좁은 닭장이 아니라 널찍한 공간에서 자유롭게 자랐으며 도살당할 때도 고통 없이 죽었다는 확신이 있을 때에만 닭고기를 먹을 수 있다. 그러나 현실적으로 닭고기를 먹을 때마다 그것을 확인할 수는 없는 노릇이다. 현재 동물들이 어떻게 사육되고 있는지 앞에서 살펴보았지만, 우리가 싼 가격에 닭고기를 먹을 수 있는 것은 공장식 사육 때문이다. 자본주의 체제에서 낮은 가격에 대량으로 고기라는 상품을 생산하는 그런 제도를 포기하기는 힘들다. 싱어도 《동물 해방》에서 그런 증언을 하지만 하워드 리먼[Howard F. Lyman, 1938~]의 《나는 왜 채식주의자가 되었는가[Mad Cowboy]》나 제러미 리프킨[Jeremy Rifkin, 1945~]의 《육식의 종말[Beyond Beef]》 같은 책들은 농장주들이 이윤을 위해 동물들을 얼마나 열악한 환경에서 사육하고 있고 얼마나 비참하게 도살하고 있는지 생생하게 고발하고 있다. 그런 현실을 알면서도 닭고기를 계속 먹을 수 있겠는가? 자신의 집에서 닭을 키워 고통 없이 죽여서 먹지 않는 이상 그것은 현실적으로 불가능하다. 사냥도 용인될 수 없다. 사냥되는 동물이 고통 없이 죽지 않을 뿐만 아니라 그 동물을 죽이기만 할 뿐 다른 동물로 대체하지 않기 때문이다.

싱어는 이러한 사정 때문에 비록 스스로 대체 가능성 논변을 제시하기는 했지만 음식을 얻기 위해서 동물을 죽이는 것은 전체적으로 거부하는 것이 더 좋을 것이라고 제안한다. 동물의 고기를 먹어야 할지 말아야 할지 고민될 때마다 이 동물이 편안하게 사육되었고 고통 없이 죽었는지 알아볼 수 없기 때문이다.

> 음식을 얻기 위해 동물을 죽이는 것은 그들을 우리가 원하는 대로 우리가 사용할 수 있는 대상으로 생각하도록 만든다. 이러할 때 그들의 삶은 우리의 단순한 욕구에 비해 가벼운 것으로 간주된다. 우리가 동물을 이러한 방식으로 계속 사용하는 한, 동물에 대한 우리의 태도를 마땅한 방식으로 바꾸는 것은 불가능한 과제가 될 것이다. 만약 사람들이 단지 그들의 즐거움 때문에 동물들을 계속 먹는다면, 어떻게 우리가 사람들에게 동물을 존중하고 그들의 이익에 대하여 동일한 관심을 가지라고 고무할 수 있겠는가?

《실천윤리학》(167~168쪽)

동물을 존중하고 그들의 이익에 대하여 동일한 관심을 가지라는 것은 우리에게 귀띔해주는 바가 많다. 이것을 실천하는 사람들은 지하철에 애완용 개를 데리고 타면서 개의 배설물은 치우지 않고 내리는 사람처럼 동물에게만 관심이 있고 주위 사람들은 전혀 배려하지 않는 이기적인 사람일까? 그렇지 않다. 벤담과 싱어가 동물의 이익에 대해 동일한 관심을 보이라는 것은 그 이익이 우리의 이익과 차별되게 대우받아야 할 합리적인 이유가 없기 때문이다. 그러므로 동물을 존중하고 그들의 이익에 대해 동일한 관심을 보이는 사람은 당연히 주변의 사람도 역시 존중하고 그들의 이익에 대해 동일한 관심을 보일 것이다. 그것이 일관되게 공평한 태도다. 동물에 대한 관심은 인간에 대한 관심과 다른 것이 아니다.

유인원 프로젝트와
개 프로젝트

벤담과 싱어의 이익들에 대한 평등한 고려 원칙은 감각이 있는 모든 동물에게까지 적용된다. 우리가 윤리적인 사고에 발을 내딛는다면 이성의 에스컬레이터는 모든 감각 있는 동물에게까지 우리를 이끈다. 우리는 성별이나 인종뿐만 아니라 종에 구애받지 않고 모든 감각 있는 동물을 공평하게 대우해야 한다.

그러나 벤담과 싱어의 주장이 옳다고 하더라도 당장 실천으로 옮기기는 어렵다. 동물 실험보다는 동물을 고기로 먹는 것이 훨씬 일상적인 일이다. 대부분의 사람들은 동물을 고기로 먹음으로써 '옳지 않은' 일들을 매일 저지르고 있다. 그러나 고기를 먹기 위해서 동물을 사육하고 죽이는 것이 옳지 않다는 것을 깨달은 사람도 고기에 익숙해진 입맛을 하루 아침에 바꾸기는 힘들다. 그래서 철학자 아리스토텔레스^{Aristoteles}는 도덕이 습관의 문제라고 말했다. 옳은 것을 알면서도 습관이 되지 않으면 실천하지 못하는 법이다. 그리고 사회적으로도 동물과 관련된 수많은 일자리들(농장, 도축장, 정육점, 식품 회사, 식당 등)을 갑자기 없앨 수도 없다. 싱어도 평등의 원칙을 동물에게까지 확장해야 한다는 윤리적 근거가 아무리 강력해도 그런 확장은 "어쩔 수 없이 오래 걸리고 느리게 진행되는 과정"(〈간격 메우기 Bridging the Gap〉 82쪽)일 것이라고 생각한다.

그렇다고 해서 우리가 당장 할 수 있는 일이 없는 것은 아니다. 싱어는 유인원 프로젝트 the Great Ape Project 를 제안한다. 지금 대부분의 문명 국가에서는 인간에게만 생명권, 고문받지 않을 권리, 구금되지 않을 권리 등을 부여한다. 모든 인간은 예외 없이 이런 기본권을 갖지만, 이 또한 오직 인간만이 기본권을 갖는다. 유인원 프로젝트의 기본 강령은 유인원들에게 이런 기본권을 부여하지 않는 것은 윤리적으로 정당하지 않다는 것이다. 인간을 죽이거나 이유 없이 고통을 주는 것이 윤리적으로 옳지 않은 것

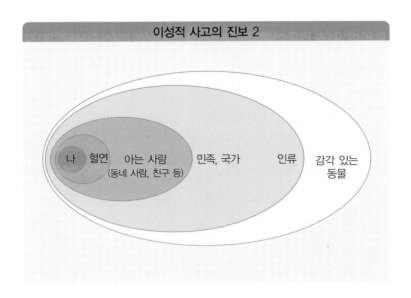

이성적 사고의 진보 2

나 / 혈연 / 아는 사람 (동네 사람, 친구 등) / 민족, 국가 / 인류 / 감각 있는 동물

처럼 유인원을 죽이거나 이유 없이 고통을 주는 것은 윤리적으로 옳지 않다. 지금까지 살펴본 싱어의 논의에 따르면 유인원뿐만 아니라 다른 젖먹이동물에게도 이런 권리를 줘야 하지만 우선 유인원부터라도 그런 권리를 주자는 것이 이 프로젝트다.

유인원이란 고릴라, 침팬지, 오랑우탄, 보노보와 같은 동물을 가리킨다. 생물학자들은 인간이 이들 유인원들과는 전혀 다른 종으로 진화했다고 오랫동안 전제해왔다. 겉으로 보기에도 유인원들은 우리 인간과 비슷하기보다는 그들끼리 훨씬 더 비슷하다.

그러나 최근의 분자생물학 연구는 유인원과 인간이 얼마나 차이가 나는지 정확한 정보를 준다. 가령 인간과 침팬지의 DNA는 98.4퍼센트가 같다고 한다. 기번 원숭이의 두 종끼리도 DNA가 2.2퍼센트가 다르다고 하는데 그 차이에 비하면 인간과 침팬지의 차이는 아주 작은 편이다. 침팬지와 고릴라의 차이는 2.3퍼센트라고 하니 인간과 침팬지의 차이는 그것보다도 더 작다. 다시 말해서 침팬지의 가까운 친척은 고릴라가 아니라 우리 인간이다. 그리고 아프리카 유인원들, 그러니까 침팬지, 고릴라, 인간은 오랑우탄과 가까운 정도보다 훨씬 더 서로에게 가깝다.

현재 인간, 침팬지, 고릴라는 서로 다른 속屬. genus에 속한다. 그래서 인간, 침팬지, 고릴라의 학명은 각각 *Homo sapiens, Pan troglodytes, Gorilla gorilla*다. 그러나 분자생물학의 새로운 연구 결과는 인간, 침팬지, 고릴라가 같은 속에 속해야 한다는 것을 보여준다. 곧 침팬지의 두 종은 *Homo troglodytes*와 *Homo paniscus*, 고릴라는 *Homo gorilla*라고 불러야 한다. 꼭 이런 학문적인 분류가 아니더라도 유인원을 사람과 다르지 않게 보는 인류도 많다. '오랑우탄'이라는 말은 말레이-인도네시아 어에서 온 말인데 '숲 속의 사람'이라는 뜻이다. 어원상으로만 본다면 그 나라 사람들은 오랑우탄을 진작부터 사람의 일종으로 간주해 온 것이다.

그렇다면 우리가 유인원에게 인간과 같은 기본권을 부여하지 않을 이유는 없다. 그러나 현실은 어떤가? 유인원은 동물원에 갇히고 동물 실험에 이용된다. 성인인 유인원보다 인격체라는 특징을 훨씬 못 가지고 있는 갓난아이나 정신질환이 있는 인간이 그런 식으로 이용되는 것은 상상도 할 수 없다. 그런데도 우리와 유전적으로 그리고 인격체라는 특징에서 차이점을 거의 찾을 수 없는 유인원을 그런 식으로 다루는 것은 1백여 년 전에 백인들이 흑인들을 다루던 모습과 똑같다. 생긴 것이 다르면 다르게 대우해도 된다는 생각이 바로 그것이다.

일단 유인원을 도덕 공동체의 일원으로 받아들이는 것은 장차 감각을 느끼는 모든 존재를 도덕 공동체에 포함시키기 위한 첫발을 내딛는 것이다. 그리고 그것은 우리가 큰 어려움 없이 당장 실천할 수 있는 행동이기도 하다. 우리가 침팬지나 고릴라를 동물원에서 보는 즐거움은 사소한 것이지만 그것 때문에 침해되는 유인원의 기본권은 그들에게 절실한 것이다. 그리고 그들을 대상으로 벌이는 동물 실험은 앞에서 살펴본 것처럼 그 효과가 확실한 것이 아니다. 설령 확실한 효과가 있다고 하더라도 똑같은 실험을 갓난아이나 정신 질환자에게 시행해서는 안 되는 것처럼 유인원에게도 시행해서는 안 된다.

다른 동물들에게도 이런 원칙이 적용되어야겠지만 우리와 차이점이 많아 보이는 동물들에게 당장 적용하기는 쉽지 않다. 그래서 우리와 큰 차이가 없다는 것이 알려진 유인원부터 적용하는 것이다. 그들을 동물원에 가두지 않아도, 동물 실험에 이용하지 않아도 우리에게 주는 큰 피해나 불편함은 없기 때문이다. 유인원에 대해 인간과 동등하게 대우하는 태도가 널리 퍼지면 이제 그런 태도는 다른 동물들에게까지 확장될 것이다.

우리나라에서는 아직도 논란거리인 개고기 식용을 중단하는 것도 유인원 프로젝트처럼 우리가 당장 시행할 수 있는 동물 해방 운동이라고 생각한다. 동물의 이익을 평등하게 고려해야 한다는 싱어의 주장을 받아들인다고 하더라도 갑자기 채식주의자가 되기는 어렵다. 그런데 개를 꼭 먹어야만 하는 절실한 이유가 없음을 생각해볼 때 논란이 많은 보신탕을 굳이 먹어야 할 이유가 없다면 우리나라에서는 개고기를 먹지 않는 것부터 실천할 수 있지 않을까? 현대 사회에서는 영양의 과도를 걱정해야 할 정도로 영양 부족은 그리 문제가 되지 않는다. 옛날에 못 먹고 못살 때는 모르겠지만 지금 시대에는 개고기가 제공해준다고 믿는 영양가를 꼭 개고기로부터만 섭취할 수 있는 것은 아니다.

서양 사람들은 보신탕 문화를 비판할 때 개는 우리와 친한 동물인데 어떻게 잡아먹을 수 있느냐고 말한다. 그러나 어떤 존재가 우리와 친한가 친하지 않는가는 그 존재를 죽여서는 안 되는 정서적인 이유는 될지 모르지만 합리적인 이유는 아니다. 그러므로 서양 사람들의 그런 비판은 보신탕에 대한 정당한 비판이 아니다. 오히려 그동안 살펴본 것처럼 개가 자의식이나 과거와 미래를 인식하는 능력이라는 면에서 아주 뛰어나다는 점이 개를 죽여서는 안 되는 직접적인 이유로 부각되어야 한다. 어떤 사람들은 왜 개고기만 먹으면 안 되고 소나 돼지고기, 그리고 심지어 말고기, 달팽이고기는 먹어도 되느냐고 묻는다. 지금까지의 논의에 따르면 어떤 동물의 고기도 먹는 것은 옳지 못하다. 그렇지만 개가 갖는 높은 자의식을 생각해본다면 실천의 차원에서 개고기부터 먹지 말자는 것이 그 물음에 대한 대답이 될 것이다.

한편 개고기 비판에 대한 가장 흔한 반론인 문화상대주의도 올바른 반론은 아니다. 문화상대주의는 우리 문화가 이러이러하다는 것을 보여줄 뿐이지 우리 문화가 도덕적으로 정당하다는 것을 보여주지는 못하기 때문이다. 남아 선호 사상이나 노비제가 우리의 문화였다는 사실이 그 문화가 옳음을 보여주지 않는 것과 마찬가지다.

🐾 애완동물은 먹으면 안 되는가?

고기를 먹는 것이 문제가 없다고 생각하더라도 이름도 붙여주고 가족처럼 지내던 동물(개, 고양이……)들을 먹는 것은 야만적이라고 생각하는 사람들이 많다. 그러나 일부러 죽이는 것은 잘못이지만 죽은 다음에 그 고기를 먹지 않는 것이 오히려 더 비도덕적이라고 생각하는 문명도 있다. 결국 애완동물은 먹어도 되느냐는 것은 정서적인 문제다. 친구를 어떻게 먹을 수 있느냐는 생각은 그런 정서의 표현일 뿐이다. 《반지의 제왕》보다 낫다는 평가를 받는 판타지 소설 《그의 어두운 면His Dark Materials》(필립 풀먼 지음)에서 무장한 곰인 이오렉Iorek은 죽은 친구인 리 스코스비 Lee Scoresby를 먹음으로써 존경의 뜻을 표시한다. 어린이도 읽는 이 소설의 이 장면은 결코 엽기라고 할 수 없는 자연스러운 대목이다. 3부작인 《그의 어두운 면》의 1부인 《황금 나침반》은 2007년에 영화로 제작되어 개봉되었다.

언론 매체에 종종 보도가 되지만 보신탕용 개는 특히 비참한 환경에서 사육되고 잔인하게 도살된다. 얼마전까지만 해도 개는 몽둥이로 패서 잡아야 맛있다고 했다. 지금이야 그렇게 개를 도살하지는 않는다고 하지만, 아직도 '개지옥'이라는 말이 나돌 정도로 개들을 열악한 환경에서 기르는 모습들이 인터넷에 종종 공개된다. 개의 이익을 평등하게 고려하자는 것은 개를 애지중지 키우자는 것이 아니다. 다만 개도 우리처럼 맞으면 아프고 죽지 않고 계속 살고 싶다는 욕구가 있다는 것을 인정하고 그것을 배려해주자는 것이다. 다른 동물도 그렇지만 우선 개에게 실천해보자는 것이다. 이것을 개 프로젝트라고 이름 붙여야 할까.

Chapter 3

Jeremy Bentham

대화

TALKING

Peter Singer

벤담과 싱어의
무엇이든 물어보세요

싱어는 아마 언론인들이 아는 몇 명 안 되는 철학자 중 한 명이다. 그래서 그가 언론과 인터뷰한 내용을 인터넷이나 책에서 쉽게 찾아 볼 수 있다. 이 FAQ는 벤담과 싱어에게 물어볼 만한 내용을 가상으로 꾸민 것이지만 싱어와의 인터뷰들을 일부 참조했다.

notice

벤담과 싱어에 대한 질문은 FAQ를 이용해주세요. 벤담은 옛날에 죽었고 싱어는 너무 바빠서 질문에 일일이 대답할 수 없습니다.

FAQ(자주 묻는 질문들)

◆ 공리주의

|Q| 공리주의에 따르면 더 좋은 결과가 생긴다면 약속을 지키지 않아도 되고 의무나 책임을 다하지 않아도 됩니다. 그래도 되는 겁니까?

|A| 예를 들어 공리주의자는 남에게 돈을 빌린 다음에 돈을 갚는 것보다 갚지 않을 경우에 더 좋은 결과가 생긴다면 갚지 않아도 된다고 생각합니다. 그러나 그런 경우는 흔하지 않습니다. 가령 그 돈이 없다면 온 가족이 굶어 죽게 생긴 경우에는 갚지 않는 것이 훨씬 더 좋은 결과이겠지요. 그러나 대부분의 경우에는 약속을 지키는 것이 나의 신용을 높여주고 사회의 안정을 가져오므로 공리주의자도 약속을 지켜야 한다고 생각합니다. 단 공리주의자가 약속을 지키는 이유는 어떤 결과와 상관없이 약속은 지켜야 하는 것이기 때문이 아니라 약속을 지키는 것이 깨뜨릴 때보다 대체로 더 좋은 결과를 낳기 때문입니다. 그리고 공리주의자라고 하더라도 약속을 지키지 않는 것이 더 큰 이득이 생긴다는 확신이 있을 때만 약속을 어겨야 합니다. 그렇지 않으면 이러저러한 자기 합리화로 밥 먹듯이 약속을 어기겠죠.

|Q| 공리주의에 따르면 수입의 상당 부분을 기부해야 합니다. 그리고 자식들도 대학에 보내는 대신에 그 돈을 더 급박한 곳에 기부해야 하지 않습니까?

|A| 우리 사회에서 굶어 죽는 사람이 있다고 해봅시다. 우리 사회를 지구 전체로 보면 그런 사람들은 실제로 있습니다. 그러면 공리주의자는 자신의 생계를 유지하기 위한 생활비를 제외하고는 그 사람들을 살리기 위해 기부하는 것이 옳습니다. 이번에는 우리 사회에 굶어 죽지는 않더라도 하루에 한 끼는 굶는 사람들이 있다고 해봅시다. 국내만 보더라도 그런 사람들은 실제로 있지요. 이때는 굶어 죽는 사람을 위해서만큼은 아니더라도 기부를 해야 되겠죠. 그 액수가 얼마나 되어야 하는지는 개인마다 부양가족의 수가 다르고 특별한 필요가 있는지의 여부도 다르므로 딱 잘라 말할 수는 없습니다. 그러나 기독교에서 십일조(수입의 10퍼센트를 기부하는 것)라고 말하는 것이 좋은 선례가 될 수 있습니다(이 문제에 대한 자세한 설명은 4장 이슈를 보세요). 그 다음에 공리주의자라고 해서 더 큰 이익을 위해 자식을 대학에 보내지 말아야 할까요? 대학에 가지 않는 게 더 이익이라는 확신이 있지 않는 이상 자식을 대학에 보내 능력을 계발시키는 것이 사회 전체에서 봤을 때 더 이익일 수 있습니다.

|Q| **지금 불이 난 집에 내 아들과 모르는 사람이 있습니다. 둘 다 구할 시간이 없습니다. 누구를 구해야 합니까?**

|A| 아마 대부분의 사람들이 자기 아들을 구할 것입니다. 한 방에는 내 아들이, 다른 방에는 20명의 모르는 아이들이 있어도 마찬가지일 것입니다. 그러나 지금 물어보는 것은 누구를 구할 것이냐가 아니라 누구를 구해야 하느냐죠? 다른 것은 전혀 고려하지

않고 내 아들만 구한다면 공평무사한 관점에서는 편파적이라고 비난할 수 있을 것입니다. 그러나 부모와 자식 간의 자연적인 유대 관계가 주는 이점이 크다는 것을 인식해야 합니다. 부모와 자식 사이의 사랑은 선의를 가진 사회 사업가나 공무원이 아이들을 위해 해줄 수 있는 것보다 훨씬 더 나은 결과를 가져올 수 있기 때문입니다. 그러므로 공리주의에서도 그런 상황에서 자기 자식을 먼저 구하는 행위는 인정됩니다.

◈ 사람과 인격체의 생명

|Q| 지금 불이 난 집에 사람과 개가 있습니다. 둘 다 구할 시간이 없습니다. 어느 쪽을 구해야 합니까?

|A| 대부분의 경우에 사람을 구해야 합니다. 그러나 그 이유는 그 사람이 사람이라는 종에 속하기 때문은 아닙니다. 사람은 개보다 자의식이 강하고 보다 먼 미래에 대한 계획을 가지고 있습니다. 그러므로 개보다 사람이 죽었을 때 잃는 것이 훨씬 많습니다. 이런 점에서 정상적인 사람은 사람인 동시에 인격체입니다. 물론 개가 인격체인지 아닌지는 논란의 여지가 있지만 정상적인 사람은 분명히 인격체입니다. 그리고 죽음에 대해서 그 개의 가족보다는 그 사람의 가족이 더 비통해할 것입니다. 따라서 일반적으로 그런 상황에서는 개보다 사람을 구하는 것이 옳습니다.

|Q| 일반적으로 그런 상황에서 사람을 구하는 것이 옳다고 했는데 개를 구해

야 할 때도 있다는 말입니까?

|A| 예. 불이 난 집에 갇힌 사람이 회복할 수 없는 정신적 장애를 가지고 있다면 이야기가 달라집니다. 그 사람은 사람이긴 하지만 인격체는 아니니까요. 하지만 현실적으로 지금 불이 난 집 안에 있는 사람이 어떤 사람인지를 짧은 시간에 확인을 할 수 없으므로 대부분의 경우에는 사람을 먼저 구해야 되겠죠. 헤어는 도덕 판단에서 직관적인 수준과 비판적인 수준을 구분했는데 이 경우에는 직관적인 수준에서 도덕 판단을 내릴 수밖에 없습니다.

|Q| 그러면 불이 난 집에 갇힌 사람이 회복할 수 없는 정신적인 장애를 가지고 있다는 것을 사전에 알고 있다면 개를 먼저 구해야 한다는 말입니까?

|A| 이론적으로 볼 때는 훨씬 더 인격체에 가까운 개를 구해야 합니다. 그러나 공리주의자들은 현실에서는 다른 사람들의 여론도 고려해야 합니다. 현재 세상의 여론으로는 장애인보다 개를 먼저 구한다면 심한 욕을 먹을 것입니다. 물론 사람들을 교육하여 여론을 개선하는 노력이 동시에 이루어져야겠지만 현실적으로는 현재의 여론까지 고려하여 행동하지 않을 수 없습니다.

|Q| 이번에는 나란히 있는 두 집에서 불이 났는데 한 집에는 사람 한 명이 있고 다른 집에는 개 백 마리가 있습니다. 개 백 마리는 한 번에 구할 수 있다고 합시다. 그때도 사람을 구해야 합니까?

|A| 그래도 사람을 구해야 한다고 대답할 사람이 많이 있을 것입니다. 그 사람은 인간 생명의 가치는 어떤 경우에도 다른 생명의 가치보다 소중하다고 생각하는 사람입니다. 물론 사람은 개보다 훨씬 인격체이므로 죽었을 때 잃는 것이 훨씬 많은 것이 사실이지만 무슨 일이 있어도 소중한 가치를 가지고 있다고 볼 수는 없습니다. 한 사람의 생명이 개 몇 마리의 가치보다 큰지는 딱 잘라서 말할 수는 없지만 계산을 해봐야 할 문제입니다.

|Q| **장애인을 죽여도 괜찮다는 말입니까?**

|A| 절대로 장애인을 죽여도 된다는 주장이 아닙니다. 장애인은 비록 장애가 있다고 해도 미래에 대한 계획이 있고 자율성이 있으며 삶에 대한 즐거움이 있습니다. 그런 장애인을 죽이는 것은 장애가 없는 성인을 죽이는 것과 아무 차이가 없습니다. 그러나 심각한 정신적 장애가 있어서 최소한의 자의식도 없고 오직 육체적 고통만 있는 사람의 경우는 그 고통을 줄여주는 것이 오히려 인간적인 행위입니다. 인간이라는 이유만으로 그 삶을 연장하는 것은 옳지 않습니다.

|Q| **우리 사회에는 갓 태어난 아이를 죽이는 미혼모들이 종종 있습니다. 갓 태어난 아이는 인격체가 아닌데, 그들을 비난할 수 있을까요?**

|A| 분명히 갓난아이는 인격체라고 볼 수는 없습니다. 그러므로 갓난아이를 죽이는 것이 성인을 죽이는 것과 똑같은 잘못이라고

말할 수는 없습니다. 우리는 보통 어떻게 '저 귀여운 갓난아이를 죽일 수 있는가, 갓난아이를 죽이는 것은 성인을 죽이는 것보다 더 잔인하다, 갓난아이를 죽이는 놈은 피도 눈물도 없는 놈이다'라고 생각합니다. 그러나 죽이는 것이 나쁘다는 근거에 의해 따져 본다면 귀여운 존재를 죽인다고 해서 더 나쁜 행위라고 말할 수는 없습니다. 실제로 일반인의 법 감정과 달리, 대부분의 나라에서 영아살해죄는 보통의 살인죄보다 형량이 가볍습니다. 그렇다고 해서 갓난아이를 죽이는 것이 옳다는 것은 절대 아닙니다. 상대적으로 덜 나쁘다는 것뿐입니다. 그 아이가 죽음으로써 슬퍼할 부모의 고통을 생각한다면 이 역시 잔인한 일이고 옳지 않습니다. 그러나 그 아이의 부모가 아이를 죽이고 싶다면 괜찮을까요? 건강한 아이는 인격체는 아니지만 즐거움을 느끼는 존재입니다. 그 존재를 죽이는 것은 이 세상에서 즐거움의 양을 줄이는 행위이므로 옳지 않습니다. 또 이 세상에는 아이를 예뻐하고 사랑하기 때문에 대신 키워줄 사람들이 많습니다. 그러므로 건강한 갓난아이를 죽이는 것은 옳지 않습니다.

◆ 동물 해방

|Q| 왜 먹는 것 가지고 시비를 거나요?

|A| 먹는 것은 선호의 문제일 때가 많습니다. 자장면이 맛있냐 우동이 맛있냐는 각자의 기호일 뿐이지 거기에는 윤리가 개입되지 않습니다. 그러나 동물을 먹기 위해서는 동물을 사육하고 죽여

야 하고 그 과정에서 동물의 이익을 침해하기 때문에 윤리적인 시빗거리가 생길 수밖에 없습니다. 식인종에 관련된 유머 아시죠? 지하철을 김밥이라고 한다든가 지하철에서 사람이 나오는 것을 보고 김밥에서 밥이 튀어나왔다고 한다든가 하는. 그 식인종이 식인 문화를 비판하는 것을 듣고 "왜 먹는 것 가지고 시비야?"라고 말하면 뭐라고 대답해야 할까요?

ㅣQㅣ **지금 세상에는 굶어 죽는 사람이 얼마나 많은데 동물의 고통에 대해서 이야기하나요?**

ㅣAㅣ 세상에는 중요한 일의 우선 순위가 있는 것은 사실입니다. 그렇다고 해서 동물의 고통 문제가 윤리적으로 옳은 일이 되는 것은 아닙니다. 사실 이런 질문을 하는 사람도 굶어 죽는 사람에게 정말로 관심이 있어서라기보다는 동물의 고통 문제를 회피하기 위해서 이렇게 묻는 혐의가 짙습니다. 만약 그 사람의 뺨을 때린 다음에 왜 때리냐고 항의하면 지금 세상에는 굶어 죽는 사람이 얼마나 많은데 이 문제 가지고 따지느냐고 말하면 어떨까요?

그리고 육식과 기아와는 상관관계가 아주 깊습니다. 같은 넓이의 토지에서 사료용 곡물을 생산하여 가축을 기르는 경우보다 사람이 먹을 곡식을 생산하면 10배나 많은 사람이 먹을 수 있기 때문입니다.

한편 굶어 죽는 사람들에 대해서는 많이 알려져 있고 그래서 관심을 보이는 사람이 많습니다. 그에 비해 동물의 고통은 거의 관심을 끌지 못하고 있으므로 이를 이야기하는 것은 분명히 의미가 있습니다.

|Q| 윤리는 기본적으로 계약론적인 성격이 있습니다. 나도 너를 괴롭히지 않을 테니 너도 나를 괴롭히지 말라는 계약에 의해 윤리는 성립했습니다. 그런 점에서 볼 때 동물은 윤리적 고려의 대상이 아닙니다. 호랑이에게 나도 너를 안 잡아먹을 테니 너도 나를 잡아먹지 말라는 계약을 할 수 없는 노릇 아닙니까?

|A| 계약론은 윤리에 관한 한 가지 견해일 뿐이고 많은 문제점을 안고 있습니다. 계약론적 견해에 따르면 윤리적 고려의 대상에서 제외되는 것이 동물만은 아니기 때문입니다. 심각한 정신적 장애를 가진 사람과 그런 계약을 할 수 있습니까? 갓난아이나 매우 어린 아이도 마찬가지입니다. 더 나아가 노예제도도 옹호됩니다. "흑인들은 우리에게 대항할 힘이 없으니 그들과 계약을 맺을 이유가 없다. 그러니 윤리는 계약을 맺은 우리 백인들에게만 해당한다"라고 주장하면 어떻게 하겠습니까? 조폭이나 제국주의자들도 마찬가지입니다. 자기들보다 힘이 세거나 대등한 집단하고만 계약을 맺고 그렇지 않은 집단에게는 폭력 또는 무력을 행사하겠죠.

|Q| 동물들은 서로 잡아먹는데 사람은 왜 동물을 먹으면 안 됩니까?

|A| 호랑이나 늑대는 고기를 먹지 않으면 굶어 죽습니다. 그러나 사람은 고기를 안 먹는다고 굶어 죽지 않습니다. 오히려 건강에 더 좋죠. 사람은 특히 자신이 하는 일이 옳은지 그른지 반성할

줄 압니다. 동물들은 그럴 수 없죠. 그러니까 동물들이 그렇다고 해서 우리도 그래도 된다는 주장은 올바른 추론 방법은 아닙니다. 동물들도 서로 잡아먹으니까 우리도 동물을 먹어도 된다는 식의 주장을 하는 사람들은 이중적인 기준을 가지고 있습니다. 사람이 동물을 지배해도 된다고 주장할 때는 인간이 동물보다 우월하다는 점을 내세우면서, 이런 주장을 할 때는 오히려 우리가 동물의 하나라고 주장하고 있으니까요. '동물 같은 놈'이란 말을 욕으로 쓰면서 왜 동물한테 배우려고 하나요? 개는 길거리에서 흘레하고 똥도 누는데 왜 그런 것은 보고 안 배우나요?

|Q| **사람이 동물을 고기로 먹는 것은 자연스러운 전통 아닌가요?**

|A| 맞습니다. 사람이 동물을 고기로 먹는 것은 자연스러운 전통입니다. '자연스럽다'라는 말은 전통이라는 뜻으로도 쓰이고 자연의 이치에 맞는다는 뜻으로도 쓰입니다. 하지만 전통이라고 해서 윤리적으로 옳다는 결론은 절대 나오지 않습니다. 예컨대 흑인을 노예로 삼는 것이나 여자는 집에서 살림이나 해야 한다는 생각은 인간의 오랜 전통이었습니다. 그렇다고 해서 그런 관행이 옳지는 않지 않습니까? 아프리카에서 여성의 음핵을 제거하는 관습이나 인도에서 신랑이 죽었을 때 신랑을 화장하는 불길에 신부가 뛰어들어 같이 죽어야 하는 관습 같은 것이 전통이라는 이름으로 옹호될 수 있을까요? 이런 이유로 '개고기를 먹는 것은 우리의 오랜 전통이므로 옳다'는 식의 주장도 올바른 논증은 아닙니다. 또한 사람이 동물을 고기로 먹는 것이 자연의 이

치에 맞는다고 하는 주장도 옳지 않습니다. 과연 인간이 육식동물이라는 것이 자연의 이치일까요? 오히려 사람의 창자가 길다든가 송곳니가 적다든가 하는 이유로 인간은 채식을 하는 것이 자연의 이치에 맞는다고 주장하는 사람도 있습니다.

IQ 모든 동물을 다 먹어서는 안 되나요? 저는 번데기를 좋아하는데 그것도 먹으면 안 됩니까? 파리와 모기도 죽이면 안 되나요?

IA 도덕적인 고려의 기준은 '고통을 느낄 수 있는가?'였습니다. 번데기가 고통을 느끼는지 느끼지 못하는지 분명하지 않습니다. 그러나 고통이 없다는 확신이 없다면 의심의 이득 원칙(210쪽)에 따라 고통을 주지 않는 것이 옳을 것입니다. 번데기는 아마 고통을 못 느낄지도 모릅니다. 하지만 사람들이 동물의 하나인 번데기를 먹는 즐거움을 주는 대상으로 생각하면서 다른 동물의 이익에 대하여 관심을 보내기는 힘들 것입니다. 파리나 모기를 죽이는 것은 우리의 이익과 충돌하는 경우이기 때문에 경우가 다릅니다. 파리나 모기가 우리에게 주는 불이익과 파리나 모기가 죽어서 갖게 되는 불이익 중 어느 쪽이 더 큰지 계산해봐야겠지요. 위 질문을 "소, 돼지를 먹지 말아야 한다면 번데기도 먹지 말아야 하는 것 아닌가요?"라는 의도로 묻는 사람도 있습니다. 번데기가 고통을 느끼는지 못 느끼는지는 분명치 않습니다. 그러나 소, 돼지가 고통을 느끼는 것은 분명합니다. 고통을 느끼는 경계선을 어디에 그을지 모호하다고 해서 소, 돼지가 고통을 느낀다는 분명한 사실이 틀리게 되는 것은 아닙니다. 머리카락이 몇 개일 때부터 대머리인지 모호하다고 해서 율 브리너가 대머리가 아닌 것은 아니니까요.

|Q| 듣고 보니 종차별주의는 나쁜 것 같습니다. 그러나 인종차별주의나 성차별주의보다는 덜 나쁜 것 아닐까요?

|A| 인종차별주의와 성차별주의 중에서는 어느 것이 더 나쁠까요? 여기서 어느 쪽이 더 나쁜지의 정도를 매김할 수 없는 것처럼 종차별주의도 인종차별주의와 성차별주의보다 더 나쁜지 덜 나쁜지 매김할 수 없습니다. 인종차별주의와 성차별주의는 특정 인종 또는 성에 동등한 이익이 있다는 것을 무시한다는 공통점이 있습니다. 종차별주의도 특정 종에 동등한 이익이 있다는 것을 무시한다는 점에서 인종차별주의나 성차별주의와 같은 선상의 잘못된 주장입니다. 물론 인종차별주의나 성차별주의가 나와 인종이나 성이 다르다고 해서 죽이는 행위로 나타난다면 종차별주의보다 더 나쁠 수도 있습니다. 인격체를 죽이는 것은 인격체가 아닌 존재를 죽이는 것보다 더 나쁘니까요. 그러나 현재 시행되는 인종차별주의나 성차별주의에서 그런 형태가 없는 것은 아니지만 드뭅니다. 반면에 종차별주의는 우리와 다른 종을 죽이는 형태로 나타나고 있으므로 나쁜 정도는 인종차별주의나 성차별주의와 비슷하다고 할 수 있습니다.

|Q| 고기를 먹는 것이 나쁘다는 것은 알겠는데 오랜 습관 때문에 당장 채식을 할 수 없어요. 고기가 무척 땡기거든요.

|A| 그래요. 오랜 습관은 버리기 힘들죠. 그렇다고 해서 그 습관이 윤리적으로 정당화되지 않는다는 것은 아시죠? 정말로 오래된 습관을 한번에 버리기는 힘듭니다. 특히 한국과 같이 채식주의 식당이나 식단을 찾아보기 힘들거나 고기를 안 먹으면 유별나다고 생각하는 풍토에서는 마음이 있어도 실천에 옮기기가 더 어렵습니다. 그래도 채식주의에 동조했다면 시나브로 실천으로 옮길 수 있는 단계들이 있습니다.

원조 채식주의자(비건)는 "비덩주의나 준채식주의가 채식주의라면 잠자리도 헬리콥터다"라고 말하겠지요. 그러나 실천하기

개고기 먹지 않기

공장식 농장에서 사육된 고기 먹지 않기, 곧 방목된 고기만 먹기

고기가 섞인 음식은 먹지만 스테이크, 로스구이, 불고기처럼
덩어리로 된 고기는 먹지 않기('비덩주의'라고 함)

조류와 어류만 먹기('준채식주의'라고 함)

어류만 먹기('페스코pesco'라고 함)

육식은 하지 않되 우유와 달걀은 먹기('락토오보lacto-ovo'라고 함)

육식은 하지 않되 우유까지 먹기('락토lacto'라고 함)

다른 동물성 단백질을 전혀 섭취하지 않기('비건vegan'이라고 함)

어렵다고 포기하는 것보다는 실천 가능한 것부터 한 걸음씩 내딛는 것이 중요합니다. 결국 동물의 고통을 고려하는 마음가짐이 중요하니까요.

Chapter 4

Jeremy Bentham

이슈

ISSUE

Peter Singer

사실에서
가치가 도출되는가?

사실과 가치의 구분

미국 하버드 대학의 총장이었던 로런스 서머스^{Lawrence Summers,} 1954~는 재임 기간 중에 과학과 수학 과목의 최우등생 중에 여자가 적은 것은 남녀의 선천적 차이 때문일 수 있다고 주장하여 논란을 일으킨 적이 있다. 많은 사람들은 이 주장이 막말이라고 반발했다. 곧 여학생이 과학과 수학을 못한다는 것이 사실이 아니거나, 설령 사실이라고 하더라도 그것은 선천적인 차이 때문이 아니라 여성이 과학과 수학을 공부할 환경을 조성해주지 않았기 때문이라는 것이었다.

사실 남녀의 능력 차이에 대한 연구는 서머스 전 총장의 발언 이전부터 있어왔다. 그런데 왜 그런 연구를 할까? 단순히 남자와 여자는 이런 능력의 차이가 있구나 하는 것을 알기 위해서일까? 단순한 호기심에서 연구하는 사람도 있겠지만, 더 많은 사람들은 어떤 목적성을 가지고 그런 연구를 한다. 바로 현존하는 남녀 차별을 정당화하기 위한 근거를 제시하기 위해서 사실을 찾아나서는 것이라고 볼 수 있다. 그래서 "봐라, 사실이 이렇지 않느냐, 그러니까 이렇게 차별하는 것은 옳은 일이다"라고 말한다. 그러므로 이런 의도를 잘 알고 있는 쪽에서는 그 연구 자체에 대해서 완강하게 반대하는 것이다. 인종 간의 지능지수 차이 연구도 마찬가지다.

이 책의 144쪽에서는 남녀의 능력 차이가, 선천적이든 환경적이든, 남녀 차별을 정당화해 주지 않는 몇 가지 이유에 대해서 설명했다. 여기서는 좀 더 근본적인 또 다른 이유를 생각해보자.

철학자들은 종종 사실^{fact}과 가치^{value}를 구분한다. 남자와 여자가 이러이러한 차이가 있다는 것은 사실의 영역에 속한다. 그것은 남자와 여자 사이에 있는 차이점을 있는 그대로 서술하고 있는 것이다. 반면에 그 사실에 근거해서 도출하려고 하는 주장, 곧 여자에 비해 남자를 우대해야 한다는 주장은 가치의 영역에 속한다. '좋다'나 '옳다'와 같은 윤리적인 용어, '정당하다', '현명하다'와 같은 합리성을 평가하는 용어, '아름답다'와 같은 미적인 용어들이 가치를 나타낼 때 쓰인다. 그래서 철학 중에서 윤리학이나 미학처럼 가치의 문제를 다루는 학문을 가치론이라고 부른다. 가치적인 표현을 할 때는 '~여야 한다'라는 술어가 많이 쓰인다. 반면에 사실적인 표현에는 '~이다'라는 술어가 쓰인다. 그래서 철학자들은 사실-가치 구분 문제를 존재^{is}-당위^{ought} 문제라고도 부른다.

사실과 가치의 구분은 그리 어렵지 않다. 토론 게시판이나 토론회장에 가면 "당신의 주장은 사실 판단입니까, 가치 판단입니까?"라고 묻는 것을 볼 수 있다. 이를테면 어떤 사람이 "사람들이 얼마 안 되네요"라고 말했다고 할 때, 그래서 좋다거나 아니면 나쁘다는 의도로 그런 말을 했을 수도 있고, 그런 의도가 전혀 없이 사람들이 적다는 사실을 그냥 설명하기 위해서 했을 수도 있다. 이렇게 우리는 사실과 가치가 구분된다는 것을 상식적으로 알고 있다. 그런데 왜 사실과 가치는 다를까? 다음과 같은 두 명제를 생각해보자.

> ① 오늘 모터쇼에는 레이싱걸이 다섯 명 나왔다.
> ② 오늘 모터쇼의 레이싱걸들은 모두 예쁘다.

①은 사실명제, ②는 가치명제이다. ①에 대해서는 그 모터쇼에 간 사람들은 모두 동의할 것이다. 그러나 ②에 대해서는 그 사람들이 모두 똑같은 의견이 아니다. 다른 말로 하면 사실명제는 객관적인데 반해 가치명제는 주관적이다. 또 ①을 알기 위해서는 감각 능력만 있으면 된다. 그러나 ②를 알기 위해서는 감각 능력 외에 다른 어떤 능력이 더 필요하다. 물론 엄격하게 말하면 오늘 모터쇼에 나온 레이싱걸이 다섯 명이라는 사실도 감각 능력만 가지고 아는 것은 아니다. 저 사람이 레이싱걸이라는 것을 알 수 있는 능력, 사람 수를 셀 수 있는 능력 등이 더 필요하다. 그러나 가치 평가를 하기 위해서는 그런 능력들은 물론이고 그이상의 능력을 필요로 한다. 마지막으로 ①은 그 자체로는 어떤 행동

으로 옮기게 하지 않는다. 그러나 ②는 다른 어떤 행동을 할 이유를 제공해준다. 내가 레이싱걸이 몇 명이라는 것을 알아서 뭘 하겠는가? 그러나 레이싱걸이 예쁘다는 가치 판단을 하게 된다면, 이 레이싱걸들이 나오는 다음 모터쇼에 또 와야겠다는 결심을 하게 될 것이다. 그래서 철학자들은 사실명제는 기술적descriptive인데 반해 가치명제는 처방적prescriptive이라고 말한다. '기술적'이라고 할 때 '기술'은 테크닉의 '기술技術'이 아니라 묘사 또는 설명한다는 뜻의 '기술記述'이다. '처방'은 의사가 이러이러한 약을 먹으라고 하거나 이러이러한 치료법을 행하라고 명령 또는 지시를 내리는 것이다. 가치 명제에도 그러한 성격이 있다.

물론 사실과 가치가 이렇게 쉽게 구분되지 않는다는 주장도 있다. 순수한 사실이라는 것은 존재하지 않고 모든 사실 판단에는 어떤 가치가 개입되어 있다는 것이다. 가령 모터쇼에서 자동차가 눈에 안 들어오고 레이싱걸이 먼저 눈에 들어오는 것부터가 가치적인 판단이라고 볼 수 있다. 또 어떤 사람들은 가치 중에는 아주 객관적인 것도 있다고 주장한다. 그러나 이런 논의까지 들어가면 너무 복잡하고 어렵다. 지금 우리가 궁금한 것은 사실과 가치가 구분된다고 할 때 사실로부터 가치가 따라나오는가다.

자연주의적 오류

사실로부터 가치가 따라 나오지 않는다고 처음으로 주장한 철학자는 영국의 데이비드 흄David Hume, 1711~1766이다. 그는 다음과 같이 말했다.

이와 같은 추론에 어떤 중요성을 갖는다고 판단되는 관찰을 첨가하지 않을 수 없다. 내가 알고 있는 도덕 체계는 그 어느 것이든, 그 저자가 얼마 동안 일상적인 추론 방법을 사용해 나아가다가 결국에 가서 신의 존재를 입증하거나 인간사에 관한 소견을 내세운다. 그런데 나는 그러한 주장들이 모두 '~이다' 와 '~가 아니다'라는 일상적인 연사連辭로 명제를 맺지 않고 갑자기 '~해야 한다', '~해서는 안 된다'로 끝맺고 있다는 것을 보고 매우 놀라게 된다. 이는 알아차리기 어렵지만 매우 중요한 변화다. 왜냐하면 그와 같은 '~해야 한다', '~해서는 안 된다'는 어떤 새로운 관계 또는 단언을 나타내는 것이기에 제대로 관찰 설명되어야 하며, 동시에 그와 같은 새로운 관계 가 전적으로 다른 관계로부터 어떻게 연역되는지에 대한 이유 (이는 거의 알아차리기 힘든데)가 제시되어야 하기 때문이다.

《인간 본성에 관한 논고 A Treatise of Human Nature》 (1739~40)

가령 우리가 '~해야 한다'거나 '~해서는 안 된다'라는 결론을 내리고 싶다고 해보자. 당연한 이야기지만 그러기 위해서는 그 주장이 옳다는 독립적인 근거를 제시해야 한다. 그런데 '~이다'와 '~가 아니다'처럼 현재 상태가 그렇다는 것만 근거로 제시해서는 그 주장은 옹호되지 않는다. 현재 상태가 그렇다는 것은 사실이 이러이러하다는 것을 말해줄 뿐이다. 사실에 대한 정보를 아무리 많이 모아도 스스로 가치 판단을 내리지 않는다면 우리는 행동으로 옮기지 않을 것이다.

예컨대 '저 사람은 굶고 있다'라는 주장은 누구도 부인할 수 없는 사실이라고 해보자. 안타깝지만 그 사실 판단으로부터 '저 사람을 도와야 한다'라는 가치 판단이 도출되는 것은 아니다. 저 사람은 지금 영양실조에 걸려있고 상황이 개선될 여지도 없으며 주위에서 도와줄 사람도 전혀 없다. 또한 내가 저 사람에게 기부를 한다고 해도 내가 잃는 것이 별로 없다. 그러나 이 사실을 안다고 하더라도 '기부하는' 것은 내가 행동으로 옮길 수 있는 여러 선택 중 하나일 뿐이다. 나는 내 돈을 가지고 외식을 할 수도 있고 기부를 할 수도 있지만 그 사실들이 기부를 하는 것이 더 낫다는 근거는 되지 못한다.

좀 냉정해 보이지만 누가 "저 사람은 굶고 있다"라고 말하면 이렇게 딴지 거는 사람이 많다. "그래서?" 사실에서 가치가 도출 안 된다는 것은 바로 그런 딴지 걸기를 생각하면 이해하기 쉽다.

> "남자가 여자보다 수학을 잘 한대."
> "그래서?"

아마 "여자를 차별해도 돼"라는 말을 하고 싶었을 것이다.

> "차가 안 다닐 때는 빨간불일 때도 건너는 사람이 많아."
> "그래서?"

아마 "차가 안 다닐 때는 빨간불일 때도 건너도 돼"라는 말을 하고 싶었을 것이다.

역시 영국의 철학자인 조지 무어^{George E. Moore, 1873~1958}는 흄의 생각을 발전시켜 이런 종류의 잘못된 논증을 자연주의적 오류라고 불렀다. 철학에서 자연주의는 여러 가지 뜻으로 쓰이지만 여기서 자연주의는 가치 판단의 근거가 사실, 곧 자연에 있다고 설명한다. 사실 우리말에서도 '자연스럽다'라는 말이 '좋다'라는 가치를 담고 있다. 회도 자연산이면 더 비싸고 미인도 자연 미인을 높게 쳐준다. 그렇다고 자연스러운 것이 다 좋은가? 장애를 가지고 태어난 사람은 그대로 사는 것이 자연스러우므로 장애를 고치는 수술을 안 하는 것이 좋은가? 피임은 자연스러운 행동이 아니므로 해서는 안 되는가? 문명의 이기 없이 자연에서 사는 것이 꼭 좋은가?

어떤 것이 자연에 바탕을 두고 있는지 아닌지를 아는 것이 그것이 좋은가 나쁜가를 알기 위해 도움이 될 수는 있다. 예를 들어서 인류의 1퍼센트가 동성애자라는 사실은 동성애는 자연스러운 현상이 아니므로 비윤리적이라는 주장을 비판하기 위해 쓰일 수 있다. 그렇지만 어떤 것이 사실이라고 하더라도 그것으로부터 서로 모순되는 가치들('동성애는 비윤리적이다'와 '동성애는 비윤리적이 아니다')을 동시에 제시할 수 있으므로 사실에서 가치를 도출하려는 시도는 오류에 빠지는 것이다.

과학과 윤리, 하는 일이 다르다

 사회생물학은 미국의 생물학자 에드워드 윌슨^{Edward O. Wilson, 1929~}이 창시한 학문이다. 그는 1975년에 낸《사회생물학 : 새로운 종합^{Sociobiology:The New Synthesis}》(1975)에서 사회생물학을 '모든 사회적 행동의 생물학적 토대에 대한 체계적인 연구'라고 정의했다. 윤리도 사회적 행동 방식의 하나로 볼 수 있으므로 사회생물학의 탐구 범위에 들어간다. 이타적 행동, 곧 자신을 희생해서 다른 사람을 돕는 행동은 대표적인 윤리적 행동이다. 그런데 상식적으로 생각해보면 진화는 생존경쟁을 의미하므로 이타적인 성향의 존재는 이기적인 성향의 존재보다 쉽게 도태될 수 있다. 그러나 사회적 동물들에게는 이타적인 행동들이 나타난다. 가령 검은새는 매가 나타나면 경고음을 내서 다른 검은새들이 도망가게 한다. 그러나 경고음을 낸 검은새는 매에게 자신의 위치를 들키고 만다. 톰슨가젤, 비비원숭이, 늑대 등에게서도 이런 이타적인 행동이 나타난다. 이기적인 행동을 하는 동물보다 이타적인 행동을 하는 동물이 더 많이 희생될 것 같은데도 동물들에게 이타적인 행동이 남아 있는 이유는 무엇일까? 이타성의 진화는 다윈 이후 진화론자들을 괴롭혔던 문제였다. 오늘날의 생물학자들은 진화의 단위를 종이나 개체가 아니라 유전자라고 봄으로써 이 문제를 해결한다. 이타적인 행동은 유전자가 자신의 복사본을 더 많이 퍼뜨리기 위한 전략이라는 것이다. 이런 발상의 전환으로 유전자를 직접 가지고 있는 개체뿐만 아니라 같은 유전자를 가지고 있는 다른 개체를 돕는 이타적 행위를 설명할 수 있게 되었다.

그런데 사회생물학에서 윤리가 도출된다고 생각하는 사람들이 있다. 사회생물학에 대해서 완벽하게 안다면 윤리에 대해서 설명이 가능하다고 생각하는 것이다. 그중 가장 극단적인 형태는 진화론의 적자생존 원칙에 근거해서 사회적 불평등이 정당하다는 주장이다. 예를 들어 저소득 계층에게 재정 지원을 하게 되면 그들이 아이들을 많이 낳게 되고 그러면 나쁜 유전자가 퍼지게 되므로 사회복지 제도를 시행해서는 안 된다고 말한다. 사회생물학에 대한 이런 비판은 오해라고 지적하는 학자도 있지만 (지식인마을 시리즈 중 《진화론도 진화한다: 다윈&페일리》를 참조하라), 싱어는 《사회생물학과 윤리》에서 윌슨이 사회생물학이 윤리의 변화에 기여해야 한다는 주장을 분명히 하고 있다고 해석한다. 《사회생물학》에서 윌슨이 한 "우리는 방금 언급한 간단한 생물학적 언명을 인식론과 인식론자들까지는 아니더라도 윤리와 윤리철학자들을 설명해내기 위해 철저하게 규명해보아야 할 것이다", "윤리가 철학자의 손을 일시적으로 떠나 생물학적으로 규명되어야 할 시점에 이르렀을지도 모른다"와 같은 언급들이 그 증거다. 그리고 나서 이는 자연주의적 오류를 저지르는 것이라고 비판하며 덧붙여 이렇게 말한다.

설령 인간 본성에 관한 사회생물학의 모든 견해를 무비판적으로 받아들여야 한다고 해도, 그와 같은 새로운 지식은 비교적 피상적으로 윤리에 영향을 미칠 것이다. 윤리에서의 중요한 문제들, 다시 말해 근본적인 윤리적 가치들의 본질과 정당화의 문제들은 침해받지 않고 그대로 남아 있게 될 것이다.

《사회생물학과 윤리》(133쪽)

싱어는 이렇게 생각하는 몇 가지 이유를 제시하지만 그중 가장 중요한 것은 사회생물학과 윤리는 서로 다른 관점을 가지고 있기 때문이라고 말한다. 사회생물학과 같은 과학은 관찰자의 관점을 가지고 있다. 그러나 윤리는 참여자의 관점이다. 예를 들어서 과학자로서의 나는, 굶고 있는 사람에게 기부를 할 것인지 아니면 자기 가족을 위해 그 돈을 쓸 것인지 고민하는 수많은 사람들을 관찰할 수 있다. 이런 상황에서 과학자들 덕분에 사람들이 내릴 수 있는 선택에 대해 가능한 모든 이론들을 갖추게 되었다고 해보자. 심지어 나와 모든 조건(재산, 가족, 성격 등)에서 비슷한 사람이 그런 상황에서는 기부를 한다는 것까지 알게 되었다면 나도 비슷한 상황에서 똑같은 선택을 할까? 수많은 이론과 자료가 있지만 여전히 갈등할 수 있다. 나와 비슷한 사람이 기부를 한다는 지식이 나에게 도움은 될 수 있지만 그 지식이 영향을 주어 오히려 반대로 선택할 수도 있기 때문이다. 윤리적 의사 결정 과정에서는 관찰자가 아니라 참여자가 되기 때문에 그런 일이 일어날 수밖에 없는 것이다. 결국 과학은 '무엇을 하는가'에 대한 이론은 되지만 '무엇을 해야 하는가'에 대해서는 말해주는 바가 없다.

싱어가 윤리를 이해하기 위한 과학의 역할을 부인하는 것은 아니다. 그는 《다윈주의적 좌파》에서 진화론이 윤리의 기원을 이해하는 데 어떤 도움이 되는지를 자세하게 설명한다. 진화는 호혜성의 발생 원인을 설명해준다. 간단하게 말하면 서로 돕는 존재들과 돕지 않는 존재들 중에서 결국 살아남는 쪽은 '주고받기 tit for tat' 전략을 사용한 존재들이다. 이 전략은 언제나 다른 구성원들과 협동을 하지만, 만약 속임수를 당하면 더 이상 협동을 하지 않는 것을 말한다. 이런 식으로 윤리의 가장 중요한 특성이라고 할 수 있는 호혜성이 진화에 의해 설명된다. 그러나 이 설명은 우리의 진화된 행동을 단순히 설명한 것일 뿐이다. 우리가 어떻게 하느냐가 아니라 어떻게 해야 하느냐가 윤리의 관심 영역이다.

사실과 가치 사이에는 넘을 수 없는 간격이 있다. 생물학을 비롯한 과학적 사실은 윤리의 궁극적인 근거를 제공할 수 없다. 과학에게는 우리가 믿고 있는 도덕적 진리들을 다시 한 번 생각해보도록 하는 소극적 역할만을 부여해야 한다.

우리나라에서는 2005년에 호주제를 규정한 민법이 헌법불일치 판정을 받았다. 그 과정에서 사회생물학자인 최재천 교수(현 이화여대 에코과학부 석좌교수)는 호주제 폐지의 숨은 공로자로 거론된다. 그는 민법이 규정한 부계혈통주의가 사회적으로는 물론 생물학적으로도 모순임을 증명해서 파란을 일으켰다. 세포가 사용하는 에너지를 만들어내는 미토콘드리아 mitochondria의 DNA는 온전히 암컷으로부터 온다는 '생물학적 사실'을 토대로 호주제의 모순을 지적한 것이다. 최 교수가 호주제 폐지를 위해 노력한 공은 크게 인정해야 한다. 그러나 윤리적인 문제에 대해 이런 과학적인 근거는 참고 자료로써의 역할만 해야지 그것이 유일한 근거가 되어서는 안 된다. 거꾸로 생물학적인 근거를 들어 호주제가 합리적인 제도라는 주장을 하는 사람들도 있기 때문이다. 예를 들어 소설가 복거일 씨에 따르면 사람은 1천만 년 넘게 여성 족외혼, 즉 결혼한 여성이 자기가 태어난 집단을 떠나 남편의 집단에 들어가는 관행을 따랐고 모든 사회적 관행들과 제도들이 그것에 맞춰 진화했다. 그는 이것이 여성에게 불리한 제도인데도 여성이 그런 제도를 받아들인 것은 그것이 남성의 부모 투자를 높이기 때문이라고 말한다. 아내가 낳은 자식이 실제로 자기 자식이라고 확신할 때, 비로소 남편은 그 자식을 위해 투자한다는 것이다. 그래서 호주제 또는 아버지의 성姓을 따르는 제도는 정당하다는 것이 복 씨의 주장이다. 이제 우리는 호주제를 찬성하는 쪽과 반대하는 쪽 중 어느 쪽의 생물학적 사실이 더 사실에 가까운지를 다투어야 할까? 사실은 사실일 뿐이다.

　어떤 제도가 우리의 고유한 문화라는 이유로 그 제도를 옹호하는 문화상대주의도 사실에서 가치를 도출하려는 시도다. 그러나 앞서 개 프로젝트를 제안하면서 말한 것처럼 우리 문화가 이러이러하다고 말하는 것과 그 문화가 옳다고 말하는 것은 전혀 별개의 영역이다.

이
슈
2

굶어 죽는 사람을
돕는 것은 자선인가,
의무인가?

범인의 윤리와 성인의 윤리

부모님께 효도하는 것은 착한 행동이다. 부모님께 효도하지 않는 것은 착한 행동이 아니다. 몇몇 예외적인 경우를 제외하고는 거짓말하는 것은 옳은 행동이 아니다. 거짓말하지 않는 것은 옳은 행동이다.

이렇게 윤리적으로 올바른 행동과 올바르지 않은 행동은 상반 관계에 있다. 다시 말해서 어떤 행동이 윤리적으로 올바르다면 그렇게 하지 않는 것은 윤리적으로 올바르지 않게 되는 것처럼 보인다. 그러나 항상 그럴까? 2001년에 일본 도쿄의 어느 지하철 역에서 술취한 승객 한 명이 철로에 떨어졌다. 그때 한 사람이 철로로 뛰어들어 그 사람을 구하려다가 전차에 치여 숨졌다. 그 사람은 한국인 유학생 이수현 씨였다. 사람들은 그를 '아름다운 청년'이라고도 부르고 선인善人, 곧 착한 사람이라고도 부른다.

그렇다면 그런 상황에서 이수현 씨와 같은 행동을 하지 않은 사람은 '아름답지 않고', '착하지 않은' 사람일까? 아마 그렇게 생각하지는 않을 것이다. 이수현 씨가 보여준 살신성인의 행동은 그렇게 하면 사람들로부터 칭송을 받지만 그렇게 하지 않았다고 해서 비난을 받지는 않는다.

이런 행동은 영웅적인 행위 또는 성인聖人의 윤리라고 부른다. 그런 행동은 영웅(슈퍼맨)이나 성인만이 할 수 있으므로 평범한 사람들이 그렇게 하지 않았다고 해서 비난받지는 않는다. 반면에 보통 사람이 할 수 없는 일이어도 영웅이 하지 않았다면 그 영웅은 비난을 받거나 스스로 죄책감을 느낄 것이다. 그는 그 일을 할 수 있었기 때문이다. 영화 〈스파이더맨 2 Spider-Man Ⅱ〉(2004)에서 피터 파커는 더이상 스파이더맨 노릇을 하지 않기로 한다. 그런데 마침 화재 현장에서 스파이더맨이 아닌 평범한 사람으로서 어린아이를 구해낸다. 그러나 또 다른 한 명이 불속에서 죽었다는 말을 듣고 괴로워한다. 스파이더맨인 그는 그 사람까지 구할 수 있었기 때문이다.

우리 주변에는 가난한 사람들이 많다. 점심을 굶는 어린이들도 있고 수술비가 없어서 수술을 받지 못하는 사람들도 있다. 그 중에서도 가장 심각한 수준은 '절대빈곤'이라고 부르는 가난이다. 절대빈곤은 의식주 등 인간으로서 품위를 유지하기 위해 반드시 필요한 것도 충족시키지 못하는 상태를 말한다. 영양실조, 문맹, 질병, 더러운 환경, 높은 유아 사망률, 낮은 평균 수명 등이 절대빈곤을 잘 드러내는 특징인데 가장 대표적인 현상은 기아, 다시 말해 먹을 것이 없어서 굶어 죽는 것이다. 세계 기아 인구는 2005년에 8억 5천만 명을 넘었다고 한다. 이 인구는 주로 아프리카의 사하라 사막 이남과 남부 아시아에 집중되어 있고 북한에도 있는 것으로 알려져 있다. 그런데 우리 주변에는 굶어 죽는 사람들을 돕는 사람들이 있다. 기아대책기구에 한 달에 일이만 원씩 기부를 하는 이들도 있고 어떤 이들은 기아 현장까지 직접 가서 봉사활동을 하기도 한다. 우리는 이런 도움을 '선행' 또는 '자선'이라고 부른다. 가난한 사람들, 특히 굶어 죽는 사람을 돕는 일은 분명히 착한 일이다. 그렇다면 굶어 죽는 사람을 돕지 않으면 그것은 나쁜 행동일까? 굶어 죽는 사람을 돕는 일은 하지 않으면 비난을 받는 의무일까, 아니면 행동으로 옮기면 칭찬은 받지만 하지 않았다고 해서 비난을 받지는 않는 영웅적인 행위일까?

원조의 의무

싱어는 이 질문에 대해 원조는 의무라고 대답한다. 굶어 죽는 사람들에게 도움을 주는 행위는 영웅적인 행위가 아니라 모든 사람이 마땅히 해야 하는 의무라는 것이다. 그러나 이것도 우리 관습으로는 받아들이기 힘들다. 지금 지구에는 굶어 죽는 사람이 분명히 있지만 대부분의 사람들은 그 사실에 관심이 없거나 있어도 가슴 아파할 뿐이지 행동으로 옮기지는 않는다. 그렇다면 우리 모두는 죄책감을 가져야 한단 말인가? 언제나 그랬듯이 그는 이런 결론에 도달하기 위해서 몇 가지 분명하고 굳건한 근거에서 출발한다.

> 첫째 전제 : 만약 우리가 동일하게 중요한 다른 일을 희생하지
> 않고 나쁜 일을 막을 수 있다면, 우리는 그것을 해야만 한다.
> 둘째 전제 : 절대빈곤은 나쁘다.
> 셋째 전제 : 도덕적으로 동일하게 중요한 다른 일을 희생하지
> 않고 우리가 막을 수 있는 어떤 절대빈곤이 있다.
> 결론 : 우리는 이 절대빈곤을 막아야만 한다.

《실천윤리학》(273쪽)

우선 둘째 전제는 문제가 없다. 절대빈곤은 등록금 낼 돈이 없어서 학교에 가지 못하는 수준이 아니라 배고픔 때문에 목숨이 위협받는 상태이므로 누가 보더라도 나쁜 것이다. 문제는 첫째 전제와 셋째 전제다. 먼저 첫째 전제를 보자. 결과론자라면 당연히 이 전제를 받아들일 것이다. 나한테 중요한 일이 희생되지 않는다면, 나에게 오는 손해는 없거나 있어도 사소한 것이다. 그리고 나쁜 일을 막을 힘이 나에게 있는데도 그렇게 하지 않는다면 그것은 결과론자의 입장에서는 내가 그런 나쁜 결과를 만드는 것이나 아무런 차이가 없다. 비록 내가 그런 상황을 만든 것은 아니지만 막지 않는다면 어쨌든 결과는 똑같기 때문이다. 그래서 결과론자들에게는 행위^{act}와 부작위$^{不作爲,\ omission}$, 곧 어떤 결과를 가져올 행위를 수행하는 것과 어떤 일을 하지 않음으로써 같은 결과를 가져오는 것 사이에는 도덕적으로 차이가 없다. 어떤 사람이 죽어가고 있고 내가 큰 희생을 치르지 않고서도 그 죽음

을 막을 수 있는데 안 막는 것은 그 사람을 일부러 죽이는 것과 도덕적으로 차이가 없다는 것이다.

의무론자는 어떨까? 그들도 '나쁜 일은 막아야 한다'라는 규칙을 가지고 있을 것이다. 그 규칙보다 더 상위의 규칙, 가령 '정의롭지 않은 일은 해서는 안 된다'나 '거짓말을 해서는 안 된다'라는 규칙을 어기게 되는 상황이 아니라면 '나쁜 일은 막아야 한다'라는 규칙을 지킬 것이다. 첫째 전제에서 말한 '중요한 다른 일을 희생하지 않는다'는 단서는 그런 상위의 규칙을 어기는 일이 없도록 해주는 장치이므로 의무론자도 첫째 전제를 받아들일 것 같다.

그럼 셋째 전제로 가보자. 지금 절대빈곤이 있다. 내가 도덕적으로 중요한 다른 일을 희생하지 않고서 그 절대빈곤을 막을 수 있을까? 3천 원이면 북한에서 굶는 사람에게 한 달 먹을 식량을 제공할 수 있다고 한다. 여기에서 우리는 이런 의문을 가질 수 있다. 내가 한 달에 스타벅스 커피 한 잔 안 마시면 굶는 사람을 살릴 수 있다. 그렇다면 스타벅스 커피를 한 달에 한 잔 덜 마시는 것이 도덕적으로 중요한 일을 희생하는 것일까? 아무리 커피 애호가라고 할지라도 그럴 것 같지는 않다. 그러나 그 3천 원을 어떻게 그 굶는 사람에게 주지? 원조 기구에 기부하면 될까? 그러나 그 돈이 확실히 그 사람에게 전달될까? 설사 전달된다고 해도 그 한 사람만 굶어 죽지 않아서는 안 될 것 같다. 더 많은 사람들을 살리기 위해서는 나의 기부 액수를 늘려야 할 것이다. 나는 가족과 함께 외식을 하기로 했다. 외식을 하지 않고 그 돈을 기부하면 더 많은 사람을 살릴 수 있을 텐데, 외식은 희생해도 되는 일일까? 해외 여행은 어떤가? 자동차를 사는 것은 어떤가?

셋째 전제에 대해 생기는 이런 궁금증은 크게 두 가지로 나눌 수 있다. 하나는 그 전제에는 동의하는데 나의 원조가 실제로 도움이 될지 의문이라는 것이고, 다른 하나는 내가 희생해도 되는 도덕적으로 중요한 일이 어디까지인지 결정할 수 없으므로 그 전제를 받아들일 수 없다는 것이다. 이 중 첫째 것, 그러니까 내가 도와봐야 넓은 바다에 물방울 하나 떨어뜨리는 것이나 마찬가지라는 비판은 별 문제가 되지 않는다. 중요한 일을 희생하지 않고서도 절대빈곤을 막아야 한다는 전제에 동의한다면 실현가능한 원조 방법을 찾는 것은 그리 어렵지 않다. 다시 말해서 이 전제에 동의하면서도 기부의 효과를 근거로 실행에 옮기지 않는 것은 핑계밖에 되지 않는다.

어떤 사람들은 기아는 인구 과잉 때문에 생긴 문제이므로 내버려두는 게 낫다고 말하기도 한다. 굶어 죽는 사람이 없게 되면 인구 과잉은 점점 더 심해지므로 그들을 돕는 부자 나라도 함께 죽고 말 것이기 때문이다. 이런 주장을 구명정 윤리라고 한다. 지금의 지구를, 정원이 초과하여 사람을 더 태우지 말고 익사하도록 내버려두어야 하는 구명정에 비유하여 나온 말이다. 그런 구명정에서는 모두 다 죽는 것보다는 몇 사람이라도 살아남는 것이 훨씬 더 좋은 일이므로 공리주의 시각에서 보더라도 돕지 말아야 한다. 그러나 지금 세계의 기아가 구명정과 같은 상황일까? 다른 사람을 태우면 구명정이 가라앉을 정도로 지금 세계의 인구가 넘쳐나고 식량은 부족할까? 여러 보고서에 따르면 현재 인구의 열 배나 먹여 살릴 수 있는 식량이 생산되고 있다고 한다. 그것이 제대로 분배가 되지 않아서 한쪽에서는 굶어 죽어 가고 다른 한쪽에서는 남은 음식을 버리고 비만을 걱정하고 있는 것일 뿐이다. 또 어떤 사람은 우리나라에도 어려운 사람이 많은데 그 먼 아프리카 사람들까지 도와줘야 하느냐고 말하기도 한다. 물론 우리나라에 굶어 죽는 사람이 있다면 그 사람을 먼저 도울 수 있다. 공리주의자라고 하더라도 가까운 사람을 먼저 돕는 것이 진화론적인 이유로 용인된다. 그러나 지금 아프리카의 상황은 우리나라의 가난과 비교할 수 없을 정도로 절박하다. 그러므로 우리나라의 가난을 구제하는 것보다 아프리카의 기아를 구제하는 것이 시급하다고 볼 수 있다. 또한 아프리카의 기아 구제는 큰 희생 없이 약간의 도움만으로 가능하기도 하다.

행위와 부작위의 구분

역시 문제는 내가 희생해도 되는 도덕적으로 중요한 일이 어디까지인지 결정하는 것이다. 싱어는 다음과 같은 예를 든다.

> 내가 근무하는 대학의 도서관에서 인문대학 합동 강의실로 가는 길에 얕은 장식용 연못이 하나 있다. 강의를 하러 가는 길에 조그만 어린아이가 그 연못에 빠져서 죽을 위험에 처해 있다고 가정해보자. 내가 연못으로 들어가서 그 아이를 건져내는 것이 마땅하다는 것을 그 누가 부정하겠는가? 아이를 구하기 위해 연못으로 들어가면, 내 옷은 진흙투성이가 되고, 내

강의는 취소되거나 마른 옷으로 갈아입을 때까지 연기될 것이다. 그러나 그 아이가 죽음을 피할 수 있다는 것과 비교하면, 이러한 일들은 중요한 것이 못 된다.

《실천윤리학》(273쪽)

이 예와 같은 상황에서 어린아이를 구하지 않으면 처벌하는 법을 착한 사마리아인의 법이라고 한다. 길가에 쓰러진 유대인을 당시 상류층인 제사장이나 레위인들은 못 본 채 지나쳤지만 유대인과 적대관계였던 사마리아인이 구해주었다는 성경 이야기에서 나온 법이다. 이 착한 사마리아인의 법을 적용하고 있는 나라가 많이 있지만 우리나라에서는 시행되고 있지 않다. 그러나 지금 논의하고 있는 것은 그런 상황에서 어린아이를 구하는 것이 법에 저촉되느냐 아니냐가 아니라 도덕적으로 옳으냐 그르냐다. 예수가 사마리아인의 이야기를 한 것도 그 사마리아인처럼 살라는 가르침을 주기 위해서였다. 어떤가? 어린아이가 얕은 연못에 빠진 상황에서 구하지 않고 그냥 지나가는 사람은 성경의 제사장이나 레위인처럼 도덕적으로 비난받아야 할까? 아니면 구하면 칭찬받지만 구하지 않았다고 해서 비난받을 것까지는 없을 것 같은가? 아마도 대부분의 사람들은 '그 아이를 건져내는 것이 마땅하다'고, 그러니까 못 본 채 지

● **착한 사마리아인의 법**
자신에게 위험을 초래하지 않는데도 위험에 빠진 사람을 구조하지 않은 행위(不作爲)를 처벌하는 법. 미국과 캐나다 등에서 실시하고 있으며 폴란드, 독일, 포르투갈, 스위스, 네덜란드 등 여러 국가에 비슷한 조항의 법률이 있다.

나치면 도덕적인 비난을 받아야 한다고 생각할 것이다. 왜냐하면 죽음이라는 것은 아주 나쁜 반면에 그것을 막기 위해 치러야 할 나의 희생은 아주 사소하기 때문이다. 얕은 연못에 들어가서 어린아이를 구하는 일이 어디 이수현 씨나 독립운동처럼 목숨을 걸고 하는 일은 아니지 않은가?

싱어가 이 예를 통해 말하고 싶은 것은 이런 상황에서 어린아이를 구하지 않은 것은 어린아이를 직접 죽이는 것과 도덕적으로 차이가 없다는 것이다. 행위(어린아이를 죽이는 것)와 부작위(어린아이를 죽게 내버려두는 것)는 그 결과가 똑같기 때문이다. 싱어 또는 결과론적 도덕 원리를 받아들이는 사람들은 행위와 부작위가 구분된다는 데에 동의하지 않는다. 그러나 행위의 규칙을 중요시하는 의무론자들은 그렇지 않다. 대부분의 사회에서 '죽이지 말라'라는 규칙은 있지만 '죽게 내버려두지 말라'라는 규칙은 없으므로 행위와 부작위는 구별되기 때문이다. 그러나 결과론자들이 보기에는 이런 생각이 관습적으로 받아들여온 도덕 규칙을 아무런 의심의 여지가 없는 것이라고 간주하는 것밖에 안 된다. 나에게 도덕적으로 중대한 희생이 없다면 '죽게 내버려두지 말라'라는 규칙도 '죽이지 말라'라는 규칙처럼 받아들여야 할지 한번 고민해봐야 하는 것 아닌가? 대표적인 의무론은 크리스트교의 윤리다. 크리스트교의 십계명에는 '살인하지 말라'라는 조항은 있다. 그런데 하느님이 '살인하지 말라'라는 말은 했지만 '죽게 내버려두지 말라'라는 말은 하지 않았으니까 죽게 내버려두는 것은 잘못이 아니라고 생각하는 걸까? 그러나 예수가 착한 사마리아인의 비유에서 말한 바는 '죽게 내버려두지 말라'라는 규칙을 따르라고 가르친 것이 아닐까? 의무론자들도 항생제를 주사하면 환자가 살 수 있다는 것을 뻔히 알면서도 주사하지 않는 의사는 환자를 죽인 것과 다름 없다고 생각한다. 그런 상황에서 환자에게 항생제를 주사하는 것은 의사의 의무라고 인식하기 때문이다. 의무론자들은 연못에 빠진 아이를 구하는 것이 의무인지 아닌지 새롭게 검토해보아야 한다.

싱어의 연못 예에는 동의하더라도 아프리카의 상황은 이 상황과 다르다고 비판할 수 있다. 가장 먼저 거리의 차이가 있다. 연못에 빠진 아이는 내 눈앞에서 벌어진 일이지만 아프리카의 기아는 나에게 너무 멀리 떨어진 일이다. 그러나 미디어의 발달로 아프리카에서 굶어 죽는 사람이 있다는 것을 우리는 눈앞에서 일어나는 일처럼 아주 생생하게 볼 수 있다. 중요한 것은 내 도움으로 그 사람이 목숨을 건질 수 있느냐 없느냐 얼마나 멀리 떨어져 있느냐가 아니다. 똑같이 도움이 필요하고 똑같이 구할 수 있는데도 거리를 가지고 차별하는 것은 피부색이나 성별로 차별하는 것과 무엇이 다르겠는가? 인종차별주의처럼 거리차별주의라는 말을 만들어야 할까?

싱어의 예에 비판적인 사람은 이 대목에서 이렇게 물을 수 있다. "내 도움으로 그 사람이 목숨을 건질 수 있느냐 없느냐가 중요하다고 말했는데 그것 참 말 잘했다. 얕은 연못이야 내 옷 좀 버리면서 들어가면 아이를 확실히 구할 수 있지만, 아프리카에서 굶는 사람은 내가 기부를 한다고 해서 구한다는 보장이 있는가?" 원조의 효율성은 언제나 논란거리가 된다. 그러나 평균적인 사람들에게 한 달에 3천 원 정도 기부하는 것은 연못에 들어감으로써 옷을 버리는 것보다 훨씬 덜한 희생이다. 그리고 그 돈의 일부가 중간에 사라질지도 모르지만 그 돈으로 목숨을 구할 수 있는 사람이 적어도 몇 명이라도 있다는 것은 확실한 사실이다. 시민들의 이런 자발적인 참여가 늘어나면 국가 차원의 원조도 늘어날 것이고 그러면 목숨을 구하는 확실성은 더 커질 것이다.

어디까지 희생해야 할까?

연못의 예에 동의한다면 한 달에 3천 원 기부하는 것은 너무 적다. 연못에 들어가서 옷을 버릴 정도의 희생을 우리 삶에서 찾는다면 멋 부리기 위한 옷, 값비싼 외식, 최신식 휴대폰으로 바꾸기, 해외여행 정도는 희생해야 하지 않을까? 싱어의 논증에서 셋째 전제는 "도덕적으로 동일하게 중요한 다른 일을 희생하지 않고 우리가 막을 수 있는 어떤 절대빈곤이 있다"라고 말하고 있는데 절대빈곤과 비교될 정도의 희생은 굶어 죽는 것밖에는 없지 않을까? 그러면 우리는 기아가 없어질 때까지는 굶어 죽지 않을 정도의 재산만 남겨놓고 나머지는 다 기부해야 한다는 말일까? 이렇게 반문하는 사람들은 싱어가 말한 기준은 너무 높아서 성인이나 할 수 있다고 비판한다. 그런 희생은 싱어 스스로도 지킬 수 없는 것인데 결국 위선적인 원칙이 아니냐는 비판이다.

일단 공리주의자라고 하더라도 세상의 고통을 모두 똑같이 하자는 주장을 하지는 않는다. 공리주의자는 세상의 행복을 증대하고 고통을 줄이기 위해서 노력하지만 2장의 '공리주의자 싱어'에서 말한 것처럼 사람들 간에 어느 정도의 불공평이 있는 것이 그 목표를 달성하는 데 도움이 된다. 그러나 연못의 예에 동의하면서 한 달에 3천 원 정도만 기부하는 것은 너무 적다. 그 기부액을 높여야 한다. 공리주의적인 관점에서 본다면 사람이 죽는 것에 비하면 멀쩡한 휴대폰을 유행에 뒤처졌다는 이유로 바꾸는 것은 도덕적으로 전혀 중요한 일이 아니다. 아마 공리주의가 아니더라도 윤리의 필요조건이라고 했던 보편화 가능성의 원리를 적용한다면 너무 높은 기준이라고 생각하지 않을 것 같다. 바로 당신이 아프리카에서 지금 굶어 죽는 사람이라고 해보자. 당신은 분명히 누가 나에게 먹을 것을 줬으면 하고 간절하게 바랄 것이다. 그러면 당신은 지금 그런 처지에 있는 사람에게 먹을 것을 줘야 할 의무가 있다.

그런데 그 희생의 기준을 어디까지 올려야 할까? 영화를 보러 가는 것도 그만둬야 할까? 대중교통이 발달된 도시에서는 자동차를 사는 것도 사치일까? 자녀를 대학에 보내는 것도 포기해야 할까? 희생해도 되는 도덕적으로 중요한 일을 어디까지 잡느냐는 문제는 쉬운 일이 아니다. 다음 상황을 비교해 보자.

(1) A는 아주 섹시한 여자 가수다. 팬인 B는 불치병에 걸렸는데 죽기 전에 A를 한번 보고 죽으면 원이 없겠다고 생각한다. 그래서 A에게 한 번 만나달라고 편지를 보낸다. A는 B를 만나야 하는가?

(2) 역시 팬인 C는 A에게 상사병에 걸렸다. 그런데 C의 상사병은 성적인 욕망이 너무 강해서 생긴 병이다. 이 병은 A와 섹스를 하면 나을 수 있다. A는 C와 섹스를 해야만 하는가?

(3) D, E, F는 심장, 간, 콩팥을 이식받지 않으면 곧 죽게 되는 환자다. 그들은 A에게 이식해주기를 원한다. A는 장기 기증을 해야 하는가?

상황 (1)에서 A가 B의 제안을 거절한다면 많은 사람들은 A를 비난할 것이다. A가 치러야 할 희생(잠깐 시간 내서 만나주는 것)은 B의 간절한 소망과 비교해봤을 때 사소한 것이기 때문이다. 상황 (3)은 정반대다. 거기서 A의 희생(죽는 것)은 아주 크기 때문에 거절해도 전혀 문제가 없다. 그러나 (2)는 어떤가? C의 죽음에 비하면 A의 육보시는 사소한 것일까, 아니면 매우 큰 희생일까? 도대체 우리는 상대방의 죽음이라는 것과 비교했을 때 어느 정도를 희생해도 되는 일이라고 할 수 있을까? 섹스가 죽음에 비해서 사소하다면 또 한 사람이 요구하면 어떤가? 또 한 사람이 요구하면? 몇 명까지는 사소한가? 섹스는 그래도 큰 희생이라면 손을 잡는 정도는 어떤가? 키스는? 애무는? 도대체 어디에 선을 그어야 할까?

그 선을 긋는다는 것은 쉬운 일이 아니다. 이런 식의 비판을 하는 사람의 의도는, 도덕적으로 비교 가능한 희생의 경계가 확실하지 않기 때문에 싱어의 논변에서 셋째 전제가 허술하고 그래서 받아들일 수 없음을 지적하기 위함이다. 그리고 싱어의 논변이 타당하다면 왜 꼭 절대빈곤에만 적용되느냐 하는 비판도 나올 수 있다. 절대빈곤만큼은 아니지만 우리 사회의 노숙자나 결식아동의 상황도 나쁘다. 도덕적으로 동일하게 중요한 다른 어떤 것을 희생하지 않고서 우리는 그 '상대적' 빈곤을 막을 수 있다. 우리가 막을 수 있는 상대적 빈곤은 어느 선까지인가? 싱어는 우리에게 너무 많은 것을 요구하지 않는가?

　그러나 어디에 선을 그을지 모른다고 해서 한 달에 3천 원 기부는 희생이라고 말할 수 없다는 사실이 부정되는 것은 아니다. 공리주의자라고 하더라도 한 사회에서 평균 이하의 삶을 살아야 한다면 자기 계발에서 뒤쳐지게 되고 그러면 결국에는 공공의 이익은 줄어들게 된다고 생각한다. 그러므로 자신의 모든 것을 다 벗어주는 기부를 의무라고 생각하지는 않을 것이다. 그래서 싱어는 선진국에서 평균 또는 그 이상의 수입을 올리는 사람에게는 특별한 사정이 없다면 10퍼센트의 기부가 희생이 되지는 않을 것이라고 말한다. 10퍼센트는 크리스트교의 기부의 전통인 십일조에 해당한다. 그가 보기에 크리스트교 사람들은 수입의 10퍼센트를 기부하면서도 도덕적으로 중요한 것을 희생하는 것 같지 않다. 그래서 그 정도가 기부의 최저 수준이며 그 수준에 못 미친다면 우리는 잘못을 범하는 것이라고 분명히 말한다. 당신은 그 정도의 기부가 희생이라고 생각하는가?

에필로그
Epilogue

지식인 지도

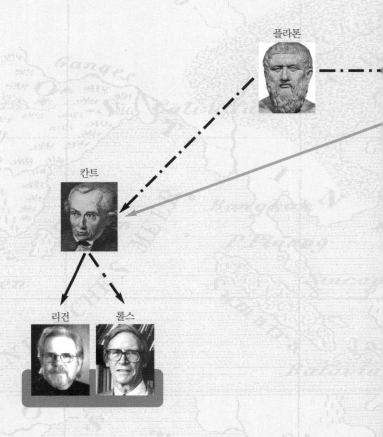

플라톤

칸트

리건   롤스

마르크스

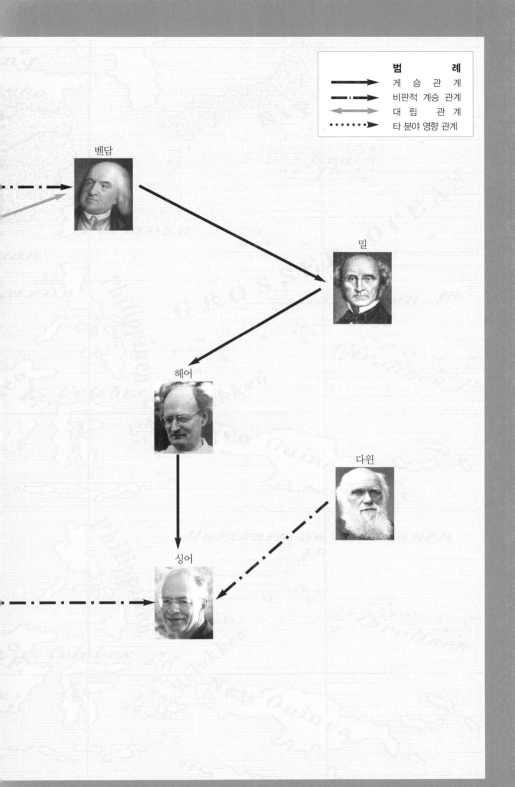

벤담

밀

헤어

다윈

싱어

EPILOGUE2

지식인 연보

• 제러미 벤담

1748	영국 런던에서 태어남
1755	웨스트민스터 스쿨 입학
1760	옥스퍼드 퀸스 칼리지 입학
1766	옥스퍼드 퀸스 칼리지 졸업
1769	변호사 자격 취득
1776	《정치적 단편》 저술
1789	《도덕과 입법의 원리 서설》 저술, 이 해에 프랑스혁명이 일어남
1791	새로운 형태의 감옥인 팬옵티콘 구상
1806	존 스튜어트 밀 태어남
1824	《웨스트민스터 평론》 창간
1826	벤담이 관여한 런던 대학교 개교
1832	런던에서 사망

• 피터 싱어

키워드 해설

• **가언 명령** hypothetical imperative 조건이 붙은 명령을 말하는 칸트의 용어.

• **결과론** consequentialism 어떤 행위가 가져올 결과 또는 목적을 따져봐서 좋은 결과가 나오면 옳은 행위라고 판단하는 도덕 원리.

• **경험 기계** experience machine 노직이 쾌락주의를 비판하기 위해 고안한 사유 실험.

• **고전적 공리주의** classical utilitarianism 고통을 줄이는 행위보다는 즐거움(쾌락)을 극대화하는 행위가 옳다고 생각하는 공리주의. 부정적 공리주의와 대비된다.

• **공리의 원리** principle of utility 이해관계가 걸려있는 당사자의 행복을 증가시키거나 감소시키는 경향에 따라 모든 각각의 행위를 승인하거나 부인하는 원리. '최대 행복의 원리' 라고도 한다.

• **공리주의** utilitarianism 최대 다수의 최대 행복을 추구하는 행동이 옳다고 주장하는 도덕 원리.

• **도덕 원리** moral principle 자신의 행동이 옳다는 것을 정당화하며 제시하는 이유. 크게 의무론과 결과론이 있다.

• **동물 해방** animal liberation 어떤 존재가 어떤 종에 속하느냐에 따라 그 존재의 이익을 다르게 고려해서는 안 된다는 주장과 그에 따른 운동. 동물을 음식으로 먹는 것, 동물 실험, 모피, 사냥, 동물원, 서커스 등에 대한 반대가 동물 해방 운동의 실천 내용들이다.

• **무지의 장막** veil of ignorance 원초적 입장에 있는 각 개인이 자신의 개인적 특성이나 사회에서의 위치를 전혀 모른다는 것을 비유적으로 표현한 롤스의 용어.

• **보편적 이기주의** universal egoism 모든 사람들은 각자의 이익을 추구하는 행동

을 해야 한다고 주장하는 도덕 원리.

• **보편화 가능성** universalizability 도덕 원리는 나에게만 적용하는 것이 아니라 나와 비슷한 다른 모든 사람들의 상황에도 두루 적용할 수 있어야 한다는 조건.

• **보편화의 원리** principle of universalizability 준칙은 나뿐만 아니라 모든 사람에게 적용되어야 한다는 칸트의 원리. 그에 따르면 우리는 그런 준칙에 따라 행동해야 한다. 이 원리는 칸트에서뿐만 아니라 여러 문화의 윤리를 지탱해준다.

• **부정적 공리주의** negative utilitarianism 즐거움(쾌락)을 극대화하는 행위보다는 고통을 줄이는 행위가 옳다고 생각하는 공리주의. 고전적 공리주의와 대비된다.

• **선의지** good will 칸트가 무조건적으로 착하다고 한 것. 선의지는 목적 달성을 위한 경향성이나 행위의 결과 때문이 아니라 오로지 선에 대한 의욕 때문에 선하다고 말한다.

• **선호 공리주의** preference utilitarianism 즐거움을 극대화하고 고통을 최소화하는 경향에 의해 행동을 평가하지 않고, 어떤 행동이 어떤 사람의 욕구 또는 선호를 만족한다면 옳고 좌절시킨다면 옳지 않다고 생각하는 공리주의.

• **양적 공리주의** quantitative utilitarianism 공리주의에서 즐거움을 계산할 때 즐거움의 양을 중시하는 입장.

• **원초적 입장** original position 롤스가 정의의 원리를 도출하기 위해 제시한 개념. 각 개인들이 모든 사람들에게 적용되기를 바라는 분배 원칙을 선택하기 전에 자신의 개인적 특성이나 사회에서의 위치를 전혀 모른다고 가정하는 상황.

• **윤리적 상대주의** ethical relativism 특정 사회, 더 나아가서는 특정 개인에 따라 무엇이 올바른지에 관한 견해가 다르다는 주장.

• **응분의 원리** principle of desert 칭찬이나 비난을 받을 만할 때만 칭찬이나 비난을 받아야 한다는 원리. 이 원리에 따르면 스스로 책임질 수 없는 일 때문에는 칭찬받을 이유도 비난받을 이유도 없다.

• **의무론** deontology 도덕은 규칙의 체계이며 그 규칙을 제대로 지키는 행위가 옳은 행위라고 판단하는 도덕 원리.

• **의심의 이득 원칙** principle of the benefit of the doubt 사냥을 할 때 덤불 속에서 움직이고 있는 것이 사슴인지 아니면 다른 사냥꾼인지 분명하지 않을 때는 쏘지 말아야 한다는 원칙. 싱어는 이 규칙을 동물 살생에도 적용하여 대상이 인격체인지 아닌지 의심스럽다면 죽이지 말아야 한다고 주장한다.

• **이익들에 대한 평등한 고려 원칙** principle of equal consideration of interests 공리주의자가 이익을 계산할 때 그 결정에 의해서 영향을 받을 모든 사람들의 이익을 공평하게 고려해야 한다는 원칙. 이 원칙에 따르면 자신의 이익을 다른 사람들의 것보다 더 중요하게 생각하지 않아야 한다.

• **인격체** person 자의식과 일정한 기간에 걸쳐 존재하는 것으로, 스스로를 인식하는 능력이 있는 존재를 가리키는 싱어의 용어. 인간 중에서도 인격체가 아닌 존재가 있고 동물 중에서도 인격체인 존재가 있다.

• **정언 명령** categorical imperative 무조건적인 명령을 말하는 칸트의 용어.

• **종차별주의** speciesism 자기가 소속되어 있는 종의 이익을 옹호하면서 다른 종의 이익을 배척하는 편견 또는 왜곡된 태도. 인종차별주의(racism)와 성차별주의(sexism)에 빗대어 나온 말이다.

• **준칙** maxim 우리가 행동을 할 때 따르는 지침. 칸트는 이 준칙이 무조건적이고 보편적이어야 한다고 말한다.

• **질적 공리주의** qualitative utilitarianism 공리주의에서 즐거움을 계산할 때 즐거움의 질을 중시하는 입장.

• **쾌락주의** hedonism 쾌락(즐거움)이 좋은 것이고 쾌락을 추구하는 것이 옳다고 주장하는 도덕 원리. 공리주의도 쾌락주의의 하나다.

• **크리스트교 윤리** Christian ethics 대표적인 의무론적 도덕 원리. 신이 가르쳐준 규칙대로 사는 것이 옳다고 생각한다.

• **평등주의** egalitarianism 모든 사람들을 차별하지 않고 똑같이 대우해야 한다는 주장. 그러나 완전히 똑같이 대우할지, 어떤 중요한 점에서만 똑같이 대우할지에 따라 여러 가지 입장으로 나뉜다.

참고문헌

• 벤담, 《도덕 및 입법의 제원리 서설》(《세계의 대사상 9》) – 휘문출판사, 1971
아쉽게도 벤담의 주저인 《도덕과 입법의 원리 서설》의 우리말 번역은 이 책처럼 고색창연한 것밖에 없다. 오래 전에 절판되었기에 보려면 도서관에 가야 하고 세로쓰기로 되어 있어서 읽기가 쉽지 않다.

• 존 스튜어트 밀, 《공리주의》 – 이문출판사, 2002
밀의 다른 저서인 《자유론》은 번역본이 많은데 《공리주의》는 '사상전집'에 있는 것 말고는 이것밖에 없다. 영어 원문이 같이 실려있다.

• 피터 싱어, 《이렇게 살아가도 괜찮은가》 – 세종서적, 1996
윤리적으로 사는 것이 결국에는 자기에게 이익이 됨을 알려주는 책. 싱어의 책이 대부분 그렇지만 이 책은 더욱 대중적이다. 그렇다고 해서 자기계발서처럼 말랑말랑한 책은 결코 아니다.

• 피터 싱어, 《실천윤리학》(개정판) – 철학과 현실사, 1997
《실천윤리학》은 초판이 1979년에, 2판이 1993년에 출간되었는데 모두 우리말로 번역되어 있다. 평등, 동물 해방, 의료 윤리, 빈민 문제, 환경 문제 등 실천적인 주제들을 다루고 있다. 국내 여러 대학들에서도 윤리학 교재로 많이 쓰이고 있다.

• 피터 싱어, 《동물 해방》 – 인간사랑, 1999
동물 해방 운동의 바이블이 된 책. 초판은 1975년에, 2판은 1990년에 나왔다. 이 책은 2판의 번역본. 이익들에 대한 평등 고려의 원칙이 동물에게까지 적용되어야 한다는 철학적 논의뿐만 아니라 공장식 농장의 현실에 대한 기록과 채식주의자가 되는 구체적인 실천 방법까지 나와있다.

• 피터 싱어, 《사회생물학과 윤리》 – 인간사랑, 1999

원제는《Expanding Circle》이다. 우리말로 '확장하는 원' 또는 '범위의 확장' 정도의 뜻이 될 텐데 공리주의 이론 옹호를 통해 윤리적 고려의 대상 범위를 확장해나가자는 주장이다. 그러나 이 책이 사회생물학의 윤리에 대한 어떤 함축이 있는가를 말하고 있음을 부각시키기 위해 번역자가 제목을 《사회생물학과 윤리》로 정했다고 한다. 번역자의 친절하고 자세한 해제와 주석이 장마다 붙어 있다.

• 피터 싱어, 《헤겔》 - 시공사, 2000
헤겔 철학에 대한 짧은 입문서. 싱어는 이 책 외에도 마르크스에 대한 짧은 입문서도 썼는데 그 책은 아직 우리말로 번역되지 않았다.

• 피터 싱어, 《실천윤리학의 거장 피터 싱어의 세계화의 윤리》 - 아카넷, 2003
세계화 시대에 전 지구 공동체적 윤리를 강조한 책. 원 제목은《One World》이다.

• Peter Singer, 《A Darwinian Left : Politics, Evolution, and Cooperation》 - Yale University Press, 2000
64쪽짜리의 짧은 책. 아직 우리말로 번역되지 않았다. 좌파는 관심을 마르크스에서 다윈으로 돌려야 한다고 주장하는 책.

• 제임스 레이첼스, 《도덕철학의 기초》 - 나눔의집, 2006
윤리학의 기본 개념들을 쉽게 이해할 수 있도록 현실의 사례들이 적절히 제시되어 있다. 미국에서 가장 많이 팔린 철학책으로 꼽힌다. 6판까지 나와 있는데 이 책은 6판의 번역이다. 1판도 《도덕철학》(김기순 역, 서광사, 1989)이라는 제목으로 번역되어 있다.

• Tom Regan, 《Defending Animal Rights》 - University of Illinois Press, 2001
싱어의 《동물 해방》과 함께 동물해방 운동의 철학적 기초를 제공해 주는 대표적 저서. 우리말 번역은 없다.

• 마크 롤랜즈, 《동물의 역습 : 학대받은 동물들의 반격이 시작되었다》 - 달팽이, 2004
번역본 제목보다 《Animals Like Us》라는 영어 제목이 이 책이 무슨 주장을 하려는지 알기 쉽다. 계약론의 전통에서 동물 해방 문제에 접근한다. 롤랜즈는 《SF 철학》(미디어2.0, 2005)에서도 그렇지만 깊이 있는 주제를 아주 쉽게 전달하는 재주가 있다.

• 레이 그릭, 진 스윙글 그릭, 《탐욕과 오만의 동물실험》 – 다른세상, 2005
 《가면을 쓴 과학 동물실험 : 질병퇴치를 위한 의학혁명》 – 다른세상, 2006

저자들은 부부다. 우리의 생각과 달리 동물실험이 전혀 과학적이지 않음을 과학적인 방법으로 입증하고 있다.

• 하워드 리먼, 《나는 왜 채식주의자가 되었는가》 – 문예출판사, 2004

리먼은 축산업자 출신이다. 제초제와 화학 비료 범벅인 곡물과 성장 호르몬, 동물성 사료로 소를 키웠던 그가 동물 사육의 현실을 고발하고 채식주의자가 된 경험을 생생하게 증언한다. 일종의 내부자 고발이다. 《Mad Cowboy》라는 영어 제목이 귀띔해주는 바가 더 많다.

• 제러미 리프킨, 《육식의 종말》 – 시공사, 2002

《노동의 종말》과 《소유의 종말》로 유명한 제러미 리프킨의 저서. 축산 단지들을 해체하고 육류를 안 먹는 것이 지구의 환경 문제를 해결하고 날로 증가하는 인구를 먹여 살리는 해결책임을 실증적인 증거를 제시하며 주장한다.

• 존 로빈스, 《육식 : 건강을 망치고 세상을 망친다》 1, 2권 – 아름드리미디어, 2000
 《음식혁명 : 육식과 채식에 관한, 1,000가지 이해와 오해》 – 시공사, 2002.

존 로빈스는 그 유명한 아이스크림 회사 베스킨 라빈스의 상속자다. 그러나 지금은 유제품과 축산물의 감춰진 진실을 폭로하고 채식주의자로의 변신을 주장하는 전도사로 변신했다.

• 임종식, 《개고기를 먹든 말든》 – 로뎀나무, 2002.

가장 흔하게 개고기 식용을 찬성하는 논거는 문화상대주의다. 이 책은 상대주의 논변이 지닌 문제점들을 지적하고 있다.

• 남유철, 《개를 위한 변명 : '보신탕'과 '동물 권리론'에 대한 비판적 성찰》
 – 유미디어, 2005

제목만 보면 보신탕 반대 주장인 것 같은데 실제 내용은 보신탕을 옹호하고 있다. 싱어와 리건을 비롯한 동물 권리론에 대해 우리말로 나온 책이 거의 없는데 그런 점에서 가치가 있다. 싱어가 논리적이지 않고 비실천적이라고 비판하는데 왜 그런지에 대한 자세한 해명은 없다.

EPILOGUE5

찾아보기

인류의 지성사를 이끌어온
100인의 지식인 마을 주민들